CLV

C. H. Spurgeon

Guter Rat für allerlei Leute

Reden hinterm Pflug

clv

Christliche Literatur-Verbreitung e. V.
Ravensberger Bleiche 6 · 33649 Bielefeld

Falls nicht anders vermerkt, sind die Bibelzitate
der Elberfelder Übersetzung 2003,
Edition CSV Hückeswagen, entnommen.

Abkürzungen

A. d. H.:
Anmerkung des Herausgebers

Luther 1956:
Die Bibel nach der Übersetzung Martin Luthers, Deutsche Bibelgesellschaft, Stuttgart (Bibeltext in der revidierten Fassung von 1984).

RELB:
Elberfelder Übersetzung, revidierte Fassung,
Wuppertal: R. Brockhaus Verlag.

2. Auflage 2018 (CLV)

Englischer Originaltitel: John Ploughman's Talk
Übersetzung: Joseph Lehmann
Umschlag: Andreas Fett, Meinerzhagen
Satz: CLV
Druck und Bindung: GGP Media GmbH, Pößneck

Artikel-Nr. 256332
ISBN 978-3-86699-332-7

Inhalt

Vorwort

In seinen *Reden hinterm Pflug* hat sich C. H. Spurgeon bemüht, *guten Rat für allerlei Leute* zu geben. Dabei ist er in die Rolle eines Bauern geschlüpft. Er vermeidet deshalb »feine Bildung und gekünstelte Worte« und bedient sich stattdessen alter, kräftiger sprichwörtlicher Redensarten:

»Ich habe einige tüchtige Schläge gegen die Laster der großen Menge zu führen gesucht und diejenigen Alltagstugenden hervorgehoben, ohne welche die Menschen in einem elenden, entwürdigenden Dasein verkommen müssen. Vieles, was arbeitenden Menschen gesagt werden muss, wäre für die Kanzel und für den Sonntag nicht so gut geeignet. Dagegen dürften diese anspruchslosen Blätter wohl dazu dienen, Fleiß und Sparsamkeit an allen Wochentagen – zu Hause und am Arbeitsplatz – zu empfehlen. Wenn sich einige diesen Unterricht zu Herzen nehmen werden, so wird es mir nicht leidtun, mich dabei der Bilder aus dem Landleben bedient zu haben.

Den Namen *Pflüger* darf ich wohl zu Recht für mich in Anspruch nehmen. Hat doch jeder Prediger des Evangeliums seine Hand an den Pflug gelegt und ist es doch seine Aufgabe, das brachliegende Feld umzupflügen und guten Samen auszustreuen. Dass ich in halb scherzhaftem Ton geschrieben habe, bedarf hoffentlich keiner Entschuldigung, wenn ich mir dadurch Gehör bei der großen Menge für gesunde sittliche Belehrung verschaffe. Ernst und langweilig sein ist gerade keine besondere Tugend.«

Ich will's versuchen

Von all den Liedern, die ich meine Kleinen je habe singen hören, gefällt mir eines immer am besten – es schließt mit den Worten:

Und will mir's nicht gleich gelingen,
so versuch ich's noch einmal.

Ich empfehle es auch erwachsenen Leuten, die den Mund hängen lassen und meinen, verzweifeln zu müssen. Niemand weiß, was er tun kann, bis er es versucht hat. »Jetzt kommen wir durch«, sagte Emil zu Franz, als sie den letzten Rest Pudding verzehrten. Aller Anfang ist schwer, aber ein wenig Versuchs-Öl in die Hand und ins Herz gerieben, macht alles leichter.

»Kann ich nicht« bleibt im Dreck stecken, aber »Ich will's versuchen« zieht den Wagen bald aus dem Loch heraus. Der Fuchs sprach: »Ich will's versuchen«, und entkam den Hunden, als sie schon beinahe nach ihm schnappten. Die Bienen sagten: »Wir wollen es versuchen«, und verwandelten Blütennektar in Honig. Das Eichhörnchen sagte: »Ich will's versuchen«, und kletterte auf die Spitze der Eiche hinauf. Das Schneeglöckchen sagte: »Ich will's versuchen«, und blühte mitten im kalten Winterschnee. Die Sonne sagte: »Ich will's versuchen«, und bald warf der Frühling den Junker Frost aus dem Sattel. Die junge Lerche sprach: »Ich will's versuchen«, und entdeckte bald, dass ihr Flügel gegeben waren, die sie über Hecken und Gräben hoben – hoch hinauf, wo der Lerchenvater sang. Der Ochse sprach: »Ich will's versuchen«, und pflügte das ganze Feld von einem Ende bis zum anderen durch. Für »Ich will's versuchen« ist kein Hügel zu steil, kein Boden zu hart, kein Feld zu nass, kein Loch zu groß.

Und selbst die größten Eichen
fällt man mit kleinen Streichen.

Spaten für Spaten schafften die Arbeiter den Durchstich. Sie bohrten einen großen Tunnel mitten durch den Berg, sie warfen den Deich auf. »Steter Tropfen höhlt den Stein.«

Was Menschen getan haben, können Menschen wieder tun, und was noch nicht geschehen ist, mag noch geschehen. Aus Ackerknechten sind schon Edelmänner geworden, Schuster haben aus ihren Klopfsteinen Gold gemacht, und aus Schneidern sind Parlamentsmitglieder geworden. Kremple nur die Ärmel auf, kleiner Hoffnungsvoll, und mach dich ans Werk! Wo ein Wille ist, da findet sich auch ein Weg. Die Sonne scheint für alle Welt. Vertraue auf

Gott, arbeite tüchtig und sieh zu, ob sich nicht die Berge bewegen werden. Warte nicht darauf, dass du Glück haben wirst; das hatte der Narr, als er so viel Pudding bekam, wie er essen wollte, und sich davon den Tod holte. Das beste Glück in der ganzen Welt macht man aus Gelenk-Öl und Festigkeits-Pflaster.

Warte nicht auf fremde Hilfe; versuche es mit diesen beiden alten Freunden: deinen starken Armen. Selbst ist der Mann. Wenn der Fuchs Federvieh für seine Jungen haben will, muss er die Hühner selbst nach Hause tragen. Keiner seiner Freunde kann dem Hasen helfen; er muss selbst um sein Leben laufen, oder es packen ihn die Hunde. Jeder Mensch muss seinen eigenen Sack zur Mühle tragen. Du musst deine eigenen Schultern gegen den Wagen stemmen und in dieser Haltung verharren, denn es sind genug Löcher in der Straße. Willst du aber warten, bis alle Straßen gepflastert sind, so wirst du zum Skelett abmagern. Willst du so lange sitzen bleiben, bis dich die großen Leute auf den Rücken nehmen, so kannst du so lange sitzen, bis du angewachsen bist. Deine eigenen Füße sind besser als Stelzen. Erwarte nicht Hilfe von anderen, sondern vertraue auf Gott und halte dein Pulver trocken.

Weine nicht darüber, dass du keine guten Chancen oder nicht genug Mittel hast, um mit der Arbeit zu beginnen. Wirft jemand einen verständigen Menschen hinaus, so wird dieser auf seine Füße fallen und sich nach dem kürzesten Weg erkundigen, auf dem er zu seiner Arbeit kommen kann. Je mehr du hast zum Anfangen, desto weniger wirst du am Ende haben. Geld, das man selbst verdient, glänzt mehr und ist angenehmer, als was man aus den Beuteln Verstorbener nimmt. Ein kärgliches Frühstück am Morgen des Lebens reizt den Appetit zu einem reichen Mahl, das man später genießt. Wer einen sauren Apfel gekostet hat, wird umso mehr Geschmack an einem süßen finden. Manch ein Straßenhändler hat sein Geschäft mit fünfzehn Groschen eröffnet und hat sie so oft umgesetzt, bis er eigene Pferde samt Wagen hatte.

Klage nicht über den Ort, an dem du zu wohnen hast. Du brauchst kein Pferd zu sein, weil du in einem Stall geboren bist. Ein strebsamer junger Mann mit gesundem Verstand wird dort viel Geld verdienen, wo andere nichts zustande bringen, als es zu verlieren.

Wer fleißig ist und spart sein Geld,
kommt fort an jedem Ort der Welt.

Ein wenig Mühe ist freilich damit verbunden; aber wer hat je Kirschen ohne Kerne und Rosen ohne Dornen gefunden? Wer gewinnen will, muss tragen lernen. Faulheit liegt im Bett und hat Bauchgrimmen, während Fleiß Gesundheit und Reichtum gewinnt. Der Hund in der Hütte bellt die Fliegen an, der Jagdhund weiß gar nicht, dass es welche gibt. Trägheit wartet, bis der Fluss trocken geworden ist, und schafft es nie, bis zum Markt zu kommen. »Ich versuch's« schwimmt hinüber und macht die besten Geschäfte. »Kann ich nicht« konnte nicht das Butterbrot essen, das für ihn abgeschnitten worden war, aber »Ich versuch's« bereitete sich eine Mahlzeit aus Pilzen zu.

Jeder, der nicht von der Stelle kommt, schiebt die Schuld auf seine Konkurrenten. Als der Weizen gestohlen worden war, hatten es die Ratten getan. Es ist immer bequem, einen Sündenbock zu haben, dem man die Schuld aufbürden kann. Indessen, gute Arbeiter sind stets gefragt. Eine Maus findet ein Loch, wenn auch noch so viele Katzen im Zimmer sind. In der schlechtesten Bude auf dem Markt lässt sich ein Pfennig verdienen. Kein Barbier rasiert einen Kunden so sauber, dass nicht ein zweiter Barbier noch etwas zu tun fände. Nichts ist so gut, dass es nicht noch besser sein könnte, und wer das Beste liefert, bekommt die Bestellung. Die neuen Maschinen würden uns alle an den Bettelstab bringen, so haben's die »Unheilspropheten« in der Schankstube immer verkündet. Stattdessen haben all diese Maschinen zum Dreschen, Ernten und Heuwenden denen, die diese zu bedienen verstehen, zu einem umso besseren Verdienst verholfen. Wer eine Seele hat, die immer am Boden liegt, mag wohl erwarten, dass er arm bleiben werde. Wer aber seinen Verstandskasten aufmacht und sich bald hier, bald da einige Kenntnisse sammelt, wird vorwärtskommen, wenn er vorher auch noch so unwissend war. »Es sind schlechte Zeiten«, heißt es immer. Ja, das mag sein, aber wenn man gaffend und träumend umhergeht, so werden die Zeiten für immer schlecht sein.

Viele kommen deshalb nicht vorwärts, weil sie sich nicht dazu aufraffen können, einen Anfang zum Besseren zu machen. Wie sie die ersten paar Taler sparen können, da liegt ihre Schwierigkeit. Darum heißt es: »Frisch gewagt, ist halb gewonnen.« Wirf den Bierkrug weg, zieh die Flagge »Ich versuch's« auf, mach dich ans Werk, und dann fort mit dem Ersparten zur Sparkasse – und es wird noch etwas aus dir werden! Arme Schlucker werden immer dann arm bleiben, wenn sie denken, dass sie es sein müssen. Man kann der bitteren Armut entrinnen, wenn man früh genug darauf bedacht ist und nicht erst wartet, bis man eine Frau und ein halbes Dutzend Kinder hat. Ist das bereits der Fall, so trägt man zu viel Gewicht im Wettlauf bei sich und muss meistens zufrieden sein, wenn es für Nahrung und Kleidung der Kleinen reicht. Einige Hennen scharren freilich nur umso besser, wenn sie einen großen Schwarm Küken um sich haben. Jungen Leuten mag es schwer sein, den Hügel zu erklimmen, doch steht ihnen der Weg dazu offen, und wenn ein tapferes Herz und ein steiler Berg zusammenkommen, steht man bald oben. Nach getaner Arbeit ist gut ruhen. Wenn die jungen Leute in frühen Jahren auf einige Annehmlichkeiten verzichten, tüchtig arbeiten, einfach leben und ihr Geld sparen würden, so brauchten sie nicht ihr Leben lang Steine zu klopfen, wie so viele es tun. Schon aus finanziellen Erwägungen sollten sie den Alkohol meiden: Wasser ist das stärkste Getränk – treibt es doch Mühlenräder an. Auch Löwen und Pferde sind auf Wasser angewiesen, und Simson hat nie etwas anderes getrunken. Aus dem Geld, das man für Bier und Branntwein ausgibt, ließe sich bald ein Haus erbauen.

Wenn man etwas Gutes in dieser Welt tun will, so wende man ebenfalls die Losung an: »Ich will's versuchen.« Es gibt viele Möglichkeiten, Gott zu dienen, und einige davon sind für dich wie geschaffen, so wie ein Schlüssel ins Schloss passt. Halte mit deinem Zeugnis nicht zurück, weil du kein wortgewaltiger Prediger bist; sei zufrieden, mit zweien oder dreien in einer Hütte zu reden – auch auf kleinen Feldern kann sehr guter Weizen wachsen. Man kann ebenso gut in kleinen Töpfen kochen wie in großen. Kleine Brieftauben können große Botschaften überbringen. Auch ein kleiner Hund kann einen Dieb anbellen, seinen Herrn aufwecken und das Haus retten. Ein Funke, so klein er auch ist, löst ein Feuer aus. In einem Satz göttlicher Wahrheit kommt der Reichtum des Himmels zum Ausdruck. Tue

Auch ein kleiner Hund kann einen Dieb anbellen, seinen Herrn aufwecken und das Haus retten.

das, was dir aufgetragen ist, gewissenhaft, bete dafür von ganzem Herzen und überlasse Gott den Erfolg.

Leider ist guter Rat bei vielen weggeworfen wie guter Same auf nackten Felsen. Man lehre eine Kuh sieben Jahre lang, und doch wird sie nie singen lernen. Von einigen scheint das Wort zu gelten, dass bei ihrer Geburt Salomo an ihrer Tür vorüberging und nicht hineinsehen wollte. Ihr Wappen ist eine Narrenkappe auf einem Eselskopf. Sie schlafen, wenn es Zeit ist zu pflügen, und weinen, wenn die Ernte kommt. Sie essen alle Rüben zum Abendbrot auf und wundern sich, dass keine zum Frühstück übrig sind. Wenn das, was in das Maischefass gelangt, in den Backtrog käme, so würden viele Familien besser genährt und besser gelehrt werden.

»Ich versuch's!« Spräch jeder so,
läg so mancher nicht auf Stroh;
stürb' so bald noch nicht vor Mangel,
kriegt' bald Fische an die Angel;
macht' sich fett im Stall ein Schwein,
hört' nicht Frau und Kinder schrein;
Not und Mangel flögen fort,
Bettler säh man nicht am Ort:
's ging nicht mehr so sehr verkehrt,
Freud wär dir und mir beschert!

Über Gutmütigkeit und Festigkeit

Sei nicht lauter Zucker, sonst lutscht die Welt dich aus. Sei aber auch nicht lauter Essig, sonst spuckt die Welt dich aus. Es gibt einen Mittelweg in allem, nur Dummköpfe verfallen in Extreme. Wir brauchen nicht ganz aus Felsen oder ganz aus Sand, ganz aus Eisen oder ganz aus Wachs zu sein. Wir sollten weder vor jedem wie einfältige Schoßhunde mit dem Schwanz wedeln noch auf jedermann wie wütende Kettenhunde losgehen. Aus Schwarzem und aus Weißem ist die Welt zusammengesetzt, und daher haben wir es mit Leuten verschiedener Art zu tun. Einige sind so biegsam wie ein alter Schuh, aber auch kaum mehr wert als der andere von demselben Paar. Andere fangen bei der kleinsten Beleidigung Feuer wie Zunder und sind so gefährlich wie Schießpulver. Es ist wirklich kein Vergnügen, wenn man einen Arbeiter auf dem Gehöft beschäftigen muss, der so verdrießlich ist wie ein alter Bär, der missgestimmt ist und ein saures Gesicht macht. Er ist von seinen Reaktionen her so scharf wie ein Rasiermesser, und er schaut so grimmig drein wie ein Fleischerhund. Und doch mag dieser Mensch einige gute Seiten an sich haben, sodass er bei alledem dennoch ein *Mann* ist; aber der arme sanfte Heinrich, der so »grün« ist wie das Gras und so bereit, sich zu beugen wie eine Weide, bringt niemandem Gewinn und ist jedermanns Spott. Ein Mensch muss Mark im Rückgrat haben, wie soll er sonst seinen Kopf gerade halten? Aber dieses Rückgrat muss sich auch biegen lassen, oder er wird mit der Stirn gegen einen Balken stoßen.

Zu tun, was andere wünschen, hat seine Zeit – und es abzuschlagen, hat auch seine Zeit. Machen wir uns zu Packeseln, so wird jedermann uns Lasten aufladen; wollen wir aber geachtet sein, so müssen wir deutlich machen, dass wir entscheiden können, welche Aufgabe wir annehmen und welche nicht. Wir dürfen anderen nicht erlauben, uns nach ihrem Belieben einen Sattel aufzulegen. Wollen wir jedermann gefallen, so werden wir uns allzu viel aufladen lassen und nie Frieden haben. Wollen wir für all unsere Nachbarn – seien sie in Ehren gehaltene oder in Verruf geratene –, stets der Packesel sein, so werden wir von niemandem Dank dafür ernten, denn dann werden wir ebenso viel schaden wie nützen. Wer sich zum Schaf macht, wird merken, dass noch nicht alle Wölfe tot sind. Wer sich auf die Erde legt, muss damit rechnen, getreten zu werden. Wer sich zur Maus macht, den wird die Katze fressen. Wer sich von seinen Nachbarn das Kalb auf die Schulter legen lässt, dem werden sie auch bald die Kuh aufladen. Wir sollen unserem Nächsten zum Guten und zur Besserung gefallen, aber das ist etwas ganz anderes.

Es laufen alte Füchse umher, denen stets das Wasser im Mund zusammenläuft, wenn sie an junge Gänse denken, und wenn sie diese mit List dazu bringen können, dass sie alles für sie tun, was sie wünschen, so lassen sie diese bald die Rechnung bezahlen. Ein »prima Kamerad« wirst du genannt werden, wenn du dich zur Mietkutsche für deine Freunde machst, aber ein doppeltes Maß wirst du bald zu tragen haben. Aus deiner Lage wirst du dich ganz allein herausarbeiten müssen, denn deine alten Freunde werden dir gewiss zurufen: »Adieu, lieber Korb, der du meine Äpfel so schön getragen hast«, oder sie werden dir ihre allerbesten Wünsche mitgeben, aber nicht das Geringste für dich tun. Du wirst bemerken, dass schöne Worte keine Katze satt machen, dir keine Butter aufs Brot legen und deine Taschen nicht füllen. Die so viel aus dir machen, wollen dich entweder betrügen oder gebrauchen. Wenn sie die Apfelsine ausgepresst haben, werden sie die Schale wegwerfen. Darum sei weise und sieh erst hin, ehe du springst, oder der Rat eines Freundes wird dir mehr Schaden bringen als die Verleumdung durch einen Feind. »Ein Unverständiger glaubt noch alles; aber ein Kluger gibt acht auf seinen Gang« (Spr 14,15; Luther 1956).

Gehe mit deinem Nachbarn so weit, wie ein gutes Gewissen mit dir gehen wird, aber trenne dich von ihm da, wo der Schuh des Gewissens deinen Fuß zu drücken beginnt. Fange mit deinem Freund so an, wie du mit ihm fortzufahren gedenkst, und lass ihn sehr bald wissen, dass du nicht ein Mensch bist, der wie Wachs in seinen Händen ist, sondern einer, der seinen eigenen Verstand hat und ihn auch zu gebrauchen gedenkt. Halte die Pferde in dem Augenblick an, in dem du merkst, dass du nicht mehr auf der rechten Straße fährst, und schlage sofort den nächsten Weg zurück ein. Wer große Fehler vermeiden will, muss sich vor kleinen in Acht nehmen; darum halte beizeiten an, wenn dich dein Freund nicht in die Grube hinunterziehen soll. Besser, einen guten Bekannten zu beleidigen, als seinen guten Ruf zu verlieren und seine Seele aufs Spiel zu setzen. Scheue dich nicht, die Wiederumkehr-Gasse einzuschlagen. Lass dich ruhig einen Feigling schelten, wenn du vor der Sünde fliehst; besser in der Zeit umzukehren, als in der Ewigkeit gepeinigt zu werden. Lass dich nicht überreden, dich selbst zu verderben. Wenn wir unseren Gefährten nur zu unserem eigenen Untergang gefallen können, so haben wir es zu teuer erkauft. Tritt kräftig auf, wo du zu stehen gedenkst, und lass dich durch niemanden von dem, was recht ist, abbringen. Lerne, »Nein« zu sagen; das wird dir von größerem Nutzen sein, als Lateinisch lesen zu können.

Jedermanns Freund ist oft niemandes Freund. In seiner Einfalt beraubt er seine Familie, um Fremden zu helfen. In der Wohltätigkeit, wie in allen anderen Dingen, bedarf es der Weisheit. Einige hätten es nötig, in die Schule zu gehen, um sie zu lernen. Ein wohlwollender Mensch kann sehr hart gegenüber seinen eigenen Kindern sein, wenn er nämlich ihnen das Brot aus dem Mund nimmt, um es denen zu geben, die ihn einen guten Kameraden nennen – und ihn nachher dafür auslachen. Sehr oft verliert derjenige, der anderen Geld gibt, das Geliehene und seine Freunde dazu, und jener, der für andere Sicherheit bietet, ist selbst niemals sicher. Lass dir vom Pflüger Hans raten: Verbürge dich nie für mehr, als du Lust hast zu verlieren. Denke daran, dass Gottes Wort sagt: »Sehr schlecht ergeht es einem, wenn man für einen anderen Bürge geworden ist; wer aber das Handeinschlagen hasst, ist sicher« (Spr 11,15).

Wenn wir beleidigt werden, so sind wir als Christen verpflichtet, es ohne Groll zu erdulden. Aber wir sollen nicht so tun, als fühlten wir es nicht, denn das wird unsere Feinde nur ermuntern, uns einen neuen Stoß zu geben. Wer sich zweimal von demselben Menschen betrügen lässt, der ist halb so schlecht wie der Spitzbube. Nehmen wir unser Recht nicht selbst in Anspruch, so haben wir es uns selbst zuzuschreiben, wenn wir es nicht bekommen. Paulus war bereit, um seines Meisters willen Schläge zu erdulden, aber er vergaß nicht, den Beamten zu sagen, dass er und sein Gefährte Römer wären; und als jene Herren sie heimlich aus dem Gefängnis entlassen wollten, sprach er: »Nicht doch; sondern sie sollen selbst kommen und uns hinausführen« (Apg 16,37). Ein Christ ist der sanftmütigste Mensch unter der Sonne, aber er ist bei alledem doch ein Mensch. Sehr vielen Menschen braucht man dies freilich nicht erst zu sagen, denn sie brausen schon auf, wenn sie meinen, dass jemand ihnen zu nahe treten will. Lange bevor sie wissen, ob ein Dieb auf dem Gehöft ist oder ob sich der alte Gaul losgerissen hat, reißen sie die Fenster auf und feuern hinaus. Gefährliche Nachbarn sind das – man könnte ebenso gut erwarten, einen ruhigen Platz auf der Stirn eines Bullen zu finden, als in ihrer Nähe viele Annehmlichkeiten zu genießen. Schließe keine Freundschaft mit einem zornigen Mann und mache nicht gemeinsame Sache mit einem Wütenden. »Ein Langmütiger hat viel Verstand, aber ein Jähzorniger erhöht die Narrheit« (Spr 14,29). »Siehst du einen Mann, der hastig ist in seinen Worten – für einen Toren ist mehr Hoffnung als für ihn« (Spr 29,20).

Ich habe in meinem Leben einige sehr halsstarrige Menschen kennengelernt, die weder Vernunft noch

Verstand annahmen. Ein Mann in unserem Dorf hat eine Bulldogge, über die er mir sagt: »Wenn das Tier einmal etwas mit den Zähnen gepackt hat, lässt es das nicht wieder fahren; wenn man's ihm aus dem Maul reißen wollte, müsste man ihm erst den Kopf abschlagen.« Auch Menschen dieser Art gibt es; sie haben mich oft geärgert und fast verrückt gemacht. Eher könnte man einen Mauerstein dazu überreden, zu Marmor zu werden, als einen solchen Menschen dahin zu bringen, auf vernünftige Vorstellungen einzugehen. Flecken aus Leoparden herauszubringen, ist nichts im Vergleich mit dem Versuch, einen ausgemacht halsstarrigen Menschen von seiner Ansicht abzubringen. Wenn man im Recht ist, so ist ein solches unerschütterliches Festhalten an der eigenen Überzeugung etwas Großartiges; unser Prediger sagt: »Das ist das Holz, aus dem Märtyrer geschnitzt werden.« Wenn aber ein ganz unwissender und starrköpfiger Mensch sich etwas derart hartnäckig in den Kopf setzt, so macht er Märtyrer aus denen, die mit ihm umzugehen haben. Der alte Pächter Dickkopf schwor, er wolle mit der Faust einen Nagel in ein Eichenbrett hineinschlagen, und hatte sein Leben lang eine lahme Hand davon. Da er sein Korn nicht, wie er wollte, verkaufen konnte, ließ er die Vorräte von den Ratten auffressen. Man kann an seinen Feldern nicht vorüberfahren, ohne seinen Eigensinn

Der alte Pächter Dickkopf schwor, er wolle mit der Faust einen Nagel in ein Eichenbrett hineinschlagen, und hatte sein Leben lang eine lahme Hand davon.

wahrzunehmen, denn er hat feierlich gelobt, dass er nichts von all den neuen Methoden wissen will, und so hat er die schlechtesten Ernten in der ganzen Gegend. – Es ist in vielen Fällen besser, voreilige Gelübde zu brechen, als sie zu halten. Wer sich nie ändert, bessert sich nie. Wer nie nachgibt, siegt auch nie.

Bei unseren Kindern müssen wir Freundlichkeit und Festigkeit miteinander verbinden. Sie müssen nicht immer ihren Willen haben, aber man muss ihnen auch nicht alles verbieten. Gib einem Schwein, sooft es grunzt, und einem Kind, sooft es schreit, und du hast ein fettes Schwein und ein verzogenes Kind. Ein Mann, der Trompete blasen lernt, und ein verhätscheltes Kind sind zwei sehr unangenehme Stubennachbarn. Aber wenn wir nicht achtgeben, so werden unsere Kinder zum Ärgernis für andere und zur Qual für uns selbst werden. Wenn wir nie Kopfweh von der Erziehung unserer kleinen Kinder bekommen wollen, so werden wir hinreichend Herzweh bekommen, wenn sie aufwachsen. Strenge Wahrhaftigkeit muss unser ganzes Verhalten den Kindern gegenüber prägen. Unser Ja muss Ja und unser Nein muss Nein sein, und zwar buchstäblich und augenblicklich. Versprich nie einem Kind etwas und unterlasse es zu tun – sei es, dass du ihm eine Brezel versprochen oder eine Strafe angekündigt hast. Erwarte auf alle Fälle Gehorsam; ungehorsame Kinder sind unglückliche Kinder. Wir dürfen unsere Kinder nicht zum Zorn reizen, damit sie nicht scheu werden; aber wir sollen unser Haus in der Furcht des Herrn regieren, und wenn wir das tun, so dürfen wir seinen Segen erwarten.

Über die Geduld

Geduld ist besser als Weisheit. Ein Gramm Geduld gilt so viel wie ein Pfund Verstand. Alle Menschen loben die Geduld, aber nur sehr wenige üben sie aus. Sie ist eine Medizin, die für alle Krankheiten gut ist, deshalb lobt sie auch jede alte Frau, aber nicht in jedem Garten wachsen die Kräuter, aus denen sie bereitet wird. Wenn wir körperliche Beschwerden haben, ist es ebenso natürlich für uns, zu murren und zu klagen, als würde ein Pferd den Kopf schütteln, wenn es von den Fliegen gequält wird, oder als würde ein Rad rasseln, wenn sich eine Speiche gelöst hat. Ja, aber das Verhalten des natürlichen Menschen sollte für Christen nicht maßgebend sein, denn was ist sonst sein Glaube wert? Wenn ein Soldat nicht besser kämpft als ein Ackerjunge, dann sollte er schleunigst seine Uniform ausziehen! Wir erwarten ja auch mehr Frucht von einem Apfelbaum als von einem Dornbusch, und wir haben damit auch recht. Die Jünger eines geduldigen Heilands sollten auch selbst geduldig sein. Beiß die Zähne zusammen und ertrage es, lautet der altmodische Rat, aber öffne die Lippen zum Dank und ertrage es, ist noch viel besser! Und warum sollte es nicht so sein? Wir bekommen doch eigentlich nur sehr wenige Schläge, wenn wir bedenken, was für schlechtes Zugvieh wir sind, und wenn es auch ein wenig schmerzt, so ist es doch bald vorüber. Vergangener Schmerz wird zur Freude und bringt Erfahrung mit sich. Wir sollten uns nicht fürchten, nach Ägypten hinunterzuziehen, wenn wir wissen, dass wir wie das Volk Israel mit silbernen und goldenen Schätzen wieder herauskommen werden.

Ungeduldige Menschen begießen ihr Elend fleißig und bringen sich um ihren Trost. Leiden sind ungeladene Gäste, aber klagende Gemüter lassen sie sich mit einem Frachtwagen vor das Haus fahren. Viele Leute werden weinend geboren, leben klagend und sterben enttäuscht. Sie kauen die bittere Pille und würden doch gar nicht wissen, dass sie bitter ist, wenn sie nur den Verstand hätten, sie auf einmal mit einem Glas Wasser und Geduld hinunterzuschlucken. Sie halten die Last jedes anderen Menschen für leicht und ihre eigenen Federn für so schwer wie Blei. Sie werden nach ihrer Meinung immer schlecht behandelt. Keiner wird von dem schwarzen Ochsen so oft auf die Zehe getreten wie sie. Der Schnee fällt am dichtesten vor ihrer Tür, der Hagel schlägt am lautesten an ihre Fenster. Und doch, wenn die Wahrheit an den Tag käme, so würde sich bald zeigen, dass es ihnen mehr in ihrer Einbildung als in Wirklichkeit so schlecht geht. Viele würden sehr glücklich werden, wenn sie das nur einsehen könnten.

Ein wenig von dem Kraut Zufriedenheit in die dünnste Suppe getan – und sie schmeckt so herrlich wie Schildkrötensuppe auf der Tafel des Königs. Der Pflüger Hans hat das Kraut in seinem Garten; es hat aber im letzten strengen Winter so schrecklich gelitten, dass er leider seinen Nachbarn nicht das Geringste davon abgeben kann. Sie täten daher besser, nach Matthäus 25,9 zu verfahren und sich darum zu kümmern, bei welchen Kaufleuten sie es stattdessen bekommen können. Die Gnade ist ein Boden, in dem dieses Gewächs gut gedeiht, aber es muss immer aus dem Quell der Barmherzigkeit begossen werden.

Arm sein ist nicht immer angenehm, aber es gibt noch Schlimmeres in der Welt als das. Enge Schuhe drücken leicht, wenn man einen großen Fuß hat. Wenn wir nur geringe Mittel haben, so ist es sehr vorteilhaft, wenn wir auch nur geringe Ansprüche stellen. Armut ist keine Schande, aber eine Schande ist es, unzufrieden zu sein. Bei einigen Dingen sind die Armen sogar besser dran als die Reichen. Denn wenn ein Armer sich Speise für seinen Hunger suchen muss, so wird er viel eher zu seinem Ziel gelangen als der Reiche, der sich Hunger für seine Speise sucht. Der Tisch des Armen ist schneller gedeckt. Die besten Doktoren sind Dr. Genügsam, Dr. Gelassen und Dr. Frohgemut, und mancher fromme Bauer hat das

Glück, von all diesen Herren bei Tisch bedient zu werden. Schwere Arbeit bringt Wohlergehen mit sich, und ein Gramm Gesundheit ist so viel wert wie ein Sack voll Diamanten. Unser Glück besteht nicht darin, wie viel wir haben, sondern darin, wie viel wir genießen. In einem Löffel voll Zucker ist mehr Süße als in einer Tonne voll Essig. Es ist nicht die Fülle der Güter, sondern der auf unserem Besitz ruhende Segen Gottes, der uns wahrhaft reich macht. Die Schalen eines süßen Apfels sind besser als ein ganzer Holzapfel. Eine Schüssel Kohl ist besser als ein gemästeter Ochse mit Hass. »Besser wenig mit der Furcht des HERRN als ein großer Schatz, bei dem Unruhe ist« (Spr 15,16; Luther 1956). Etwas Holz genügt, um meinen kleinen Ofen zu heizen; warum soll ich darüber murren, dass ich nicht alle Wälder besitze?

Wenn Leiden kommen, so nützt es nichts, Gott durch boshafte Gedanken über seine Vorsehung zu trotzen. Wer dies dennoch tut, schlägt gegen den Stachel aus und schadet sich selbst. Die Bäume biegen sich im Wind, und so müssen wir es auch machen. Jedes Mal, wenn das Schaf blökt, verliert es einen Mundvoll Futter, und jedes Mal, wenn wir uns beklagen, entgeht uns ein Segen. Murren ist ein schlechtes Geschäft und bringt nichts ein. Aber die Geduld hat eine goldene Hand. Unsere Leiden werden bald vorüber sein. Nach dem Regen kommt heller Sonnenschein. Auch schwarze Krähen haben Flügel. Auf jeden Winter folgt ein Frühling. Jede Nacht geht in den Morgen über. Auch ein heftiger Wind legt sich wieder.

Wird eine Tür zugeschlossen, so wird Gott eine andere dafür auftun. Geraten die Erbsen nicht, so können dafür die Bohnen geraten. Wenn *eine* Henne ihre Eier verlässt, so wird eine andere sie alle ausbrüten. Alle Dinge haben eine Licht- und eine Schattenseite, der treue Gott ist auf allen Seiten. In der schlimmsten Woge der Bedrängnis ist irgendwo eine trockene Stelle, auf der die Zufriedenheit festen Fuß fassen kann, und wäre es nicht der Fall, so würde sie schwimmen lernen.

Liebe Freunde, lasst uns unsere Zuflucht nehmen zu Geduld und Wassersuppe, wie die Alten sagten. Hüten wir uns davor, stattdessen ins Klagefieber zu verfallen und auch andere mit derselben Krankheit anzustecken, indem wir Gottes Wege in gottloser Weise kritisieren. Das beste Heilmittel im Leiden besteht in der Ergebung in Gottes Willen. Was man nicht ändern kann, muss man tragen. Können wir keinen Speck bekommen, so lasst uns Gott dafür danken, dass wir noch einige Kohlköpfe im Garten haben. Das Muss ist eine harte Nuss, aber sie hat einen süßen Kern. »Denen, die Gott lieben, [wirken] alle Dinge zum Guten mit« (Röm 8,28). Alles, was vom Himmel herabfällt, dient früher oder später zum Besten des Landes; aber was von Gott zu uns kommt, ist ein Segen, sollte es auch eine Rute sein. Von Natur aus können uns Leiden ebenso wenig gefallen, wie sich eine Maus in eine Katze verlieben kann. Durch Gnade kam aber Paulus dahin, sich auch der Trübsale zu rühmen. Verluste und Kreuze sind schwer zu tragen, wenn aber unsere Herzen rechtschaffen sind vor Gott, so ist es wunderbar, wie leicht das Joch wird. Wir müssen nun einmal auf der Kreuz- und Tränenstraße zur Herrlichkeit eingehen, und da uns nicht verheißen worden ist, dass wir in einem Daunenbett zum Himmel gefahren werden sollen, so müssen wir uns nicht wundern, wenn wir den Weg rau finden, wie ihn unsere Väter vor uns gefunden haben. Ende gut, alles gut – und darum lasst uns den schwersten Boden im Blick auf die Garben bei der Ernte pflügen, und wenn andere bei solcher Arbeit murren, so lasst uns lernen, dabei zu singen.

An die Trägen

Den Trägen guten Rat zu erteilen, heißt, Wasser in ein Sieb zu gießen. Wer sie bessern wollte, könnte ebenso gut versuchen, einen Windhund fett zu machen. Jedoch, wenn es diesen faulen Leuten auch keinen besonderen Nutzen bringen sollte, wird es uns doch auch nicht schaden, dass wir sie gewarnt haben. Denn wenn wir vernünftige Lehren ausstreuen, so wird unser Korb darum nicht leerer. Wir haben freilich ein hartes Stück Land zu pflügen, wenn wir Faulenzer schelten, und können uns nur eine sehr kümmerliche Ernte davon versprechen. Doch wenn es nur gutes Land zu bearbeiten gäbe, so würden die Ackerleute bald brotlos sein. Und so wollen wir denn getrost den Pflug in die Furchen einsenken. Träge Leute sind weit genug verbreitet und wachsen ungesät; und doch gedeiht auf drei Hektar Land, wo sie zu finden sind, nicht so viel Weisheitsweizen, dass sich auch nur das Harken lohnte. Zum Beweis genügen ihr Name und ihr Charakter; denn wenn sie nicht *Narren* wären, so würden sie nicht *Faulenzer* sein. Wenn auch Salomo (Spr 26,16) sagt: »Der Faule ist weiser in seinen Augen als sieben, die verständig antworten«, so tritt doch nach Ansicht jedes anderen ihre Torheit so klar zutage wie der Tatbestand, dass die Sonne am Himmel scheint. Wenn ich sie mit meinen Reden ein wenig scharf anfasse, so tue ich es, weil ich weiß, dass sie einen guten Knuff vertragen können. Denn falls ich sie in meiner alten Scheune auf der Tenne hätte, könnte ich sie wohl tagelang dreschen, ehe ich sie aus dem Stroh herausbekäme.

Zuallererst ist denn meine Meinung die, dass vor faulen Leuten ein großer Spiegel aufgehängt werden sollte, in dem sie gezwungen wären, sich zu besehen. Denn wenn sie überhaupt solche Augen haben wie ich, so würden sie es sicherlich nicht aushalten können, sich lange oder oft zu besehen. Den hässlichsten Anblick auf der Welt bietet jeder dieser hartgesottenen Bummler für sich. Kaum seine Schüssel würde er hinhalten, auch wenn es Brei regnete – jedenfalls keinen größeren Topf, als für ihn selbst ausreichen würde. Vielleicht, dass er sich ein wenig mehr regen würde, wenn sich der Regenschauer in Bier verwandelte, obwohl er sich nachher wieder desto mehr ausruhen würde. Das ist der Faule, von dem es in den Sprüchen (19,24) heißt: »Hat der Faule seine Hand in die Schüssel gesteckt, nicht einmal zu seinem Mund bringt er sie zurück.« Mit Armut sollte jedermann Nachsicht und Mitleid haben, nicht aber mit Faulheit. Eine Stunde in der Tretmühle, das würde eine heilsame Medizin für alle Faulenzer sein. Aber es ist bei einigen von ihnen nicht wahrscheinlich,

Vielleicht, dass er sich ein wenig mehr regen würde, wenn sich der Regenschauer in Bier verwandelte, obwohl er sich nachher wieder desto mehr ausruhen würde.

dass sie eine volle Dosis dieses Heilmittels bekommen werden, denn sie sind geborene Glückskinder, die schon mit dem silbernen Löffel im Mund zur Welt gekommen sind. Sie sind, wie das alte geflügelte Wort sagt, »so faul wie Ludhams Hund, der seinen Kopf an die Wand lehnte, wenn er bellen wollte«. Wie trägen Schafen macht es ihnen zu viel Mühe, ihre eigene Wolle zu tragen. Wenn sie sich selbst sehen könnten, das wäre für sie vielleicht außerordentlich wohltuend; aber vielleicht würde es ihnen zu mühsam sein, ihre Augen aufzumachen, selbst wenn man ihnen den Spiegel vor die Nase hielte.

Alles in der Welt hat sein Gutes; aber ein Doktor der Theologie, ein Philosoph oder selbst die weiseste Eule in unserem Kirchturm würden in Verlegenheit geraten, wenn sie sagen sollten, was der Nutzen der Trägheit ist. Die scheint eine Art widriger Wind zu sein, der in niemandes Segel bläst, eine Art Sumpf, der keine Aale hervorbringt, eine schmutzige Pfütze, in der nicht einmal ein Frosch leben kann. Man durchsiebe einen Faulenzer Korn für Korn, und man wird nichts als Spreu an ihm finden. Ich habe Leute sagen hören: »Besser nichts tun, als Unheil anzurichten.« Aber auch das leuchtet mir nicht recht ein; diese Rede glänzt schön, aber ich glaube nicht, dass sie von Gold ist. Auch diese kleine Prise Lob gönne ich der Trägheit nicht; ich sage, sie ist durch und durch schlecht.

Denn seht, ein Mensch, der Böses tut, ist ein Sperling, der das Korn plündert – aber ein träger Mensch ist ein Sperling, der auf einem Nest voller Eier sitzt, aus denen in kurzer Zeit wieder allesamt Sperlinge hervorgehen und unberechenbaren Schaden anrichten werden. Sagt, was ihr wollt, ich bin gewiss: Das üppigste Unkraut auf Erden wächst nicht in den Gemütern derjenigen, die darauf bedacht sind, Übles zu tun, sondern in den Gedankenwinkeln fauler Menschen, wo sich der Teufel nach Art der alten Schlange, die er im Wesen ist, ungesehen verstecken kann. Ich kann es nicht leiden, dass unsere jungen Leute Unfug treiben, aber ich möchte sie lieber bei ihren tollen Streichen bis an den Hals im Dreck stecken sehen, als dass sie umherschlendern und nichts zu tun haben. Wenn das Übel des Nichtstuns heute kleiner zu sein scheint, so wird es morgen daher desto größer offenbar werden – der Teufel legt Kohlen auf das Feuer, und deshalb flammt es nicht auf. Aber verlasst euch darauf, schließlich wird die Flamme nur desto größer sein.

Ihr Trägen, ihr müsst schon selbst euer eigenes Lob singen, denn niemand anders kann etwas Gutes an euch entdecken, was zu loben wäre. Auch durch die größte Brille im Land würde man an euch nichts erkennen, was der Rede wert wäre.

»Wie der Essig den Zähnen und wie der Rauch den Augen« (Spr 10,26), so ist der Faule einem jeden, der im Schweiß seines Angesichts sein ehrliches Stück Brot verdient, während diese Burschen sich das Gras bis an die Knöchel wachsen lassen und nur dastehen und dem Boden die Kraft nehmen, wie die Bibel sagt (vgl. Lk 13,7; Luther 1956).

Ein Mensch, der seine Zeit und seine Kraft mit Nichtstun vergeudet, stellt sich selbst dem Teufel als Zielscheibe hin, der ein ganz vortrefflicher Schütze ist und den Müßiggänger über und über mit seinen Schüssen durchlöchern wird. Mit anderen Worten: Träge Menschen versuchen den Teufel, sie zu versuchen. Wer spielt, wenn er arbeiten sollte, der hat eine böse Gesinnung zum Spielkameraden, und wer weder arbeitet noch spielt, macht sich zu einer Werkstatt des Satans. Wenn der Teufel einen Menschen beim Müßiggang trifft, so stellt er ihn an die Arbeit, gibt ihm Werkzeug in die Hände und bezahlt ihm auch bald seinen Lohn. Ist das nicht die Quelle, aus der die Trunkenheit kommt, die Stadt und Land mit Elend erfüllt? »Müßiggang ist aller Laster Anfang.« Man hat einen doppelten Magen zum Essen und Trinken, wenn man keinen Magen zur Arbeit hat. Jenes kleine Loch gerade unter der Nase verschlingt in all den Stunden des Nichtstuns das Geld, womit man den Kindern Kleider kaufen und ihnen Brot auf den Tisch stellen sollte. Gottes Wort spricht es als eine allgemeine Regel aus, dass »ein Säufer und ein Schlemmer verarmen«, und um die Verbindung zwischen diesen beiden Dingen anzuzeigen, heißt es in demselben Vers: »... und Schlummer kleidet in Lumpen« (Spr 23,21). Wie auf alten Dächern Moos wächst, so gehen Liederlichkeit und Trunkenheit aus müßigen Stunden hervor. Ich möchte auch Mußestunden haben, wenn ich sie bekommen kann, aber das ist etwas ganz anderes. Faule Leute haben keine Mußestunden; sie sind immer in Hast und Eile, und weil sie es unterlassen, zur rechten Zeit zu arbeiten, so haben sie immer eine Menge zu tun. Eine Stunde nach der anderen mit Nichtstun zu verträumen, heißt, Löcher in der Hecke zu machen, wo die Schweine hindurchlaufen können. Die Verwüstungen, die sie anrichten, kennen nur die, deren Aufgabe es ist, nach dem Garten zu sehen. Der Herr Jesus sagt uns selbst, dass zu der Zeit, da die Leute schliefen, der Feind Unkraut säte, und das trifft den Nagel auf den Kopf. Denn durch das Tor der Faulheit zieht, wie mir scheint, das Böse viel öfter ins Herz hinein als durch irgendein anderes. Unser alter Prediger pflegte zu sagen: »Ein Faulenzer ist ein schönes Rohmaterial für den Teufel; er kann alles, was er will, aus ihm machen.« Ich bin nicht der Einzige, der mit dem Trägen um seines Lasters willen hart ins Gericht geht. Unser Prediger fragte mich einmal nach einem unserer Leute. Ich war im Begriff, ein ziemlich langes

Register seiner Sünden aufzuzählen, und fing mit den Worten an: »Er ist schrecklich faul.« »Das reicht«, erwiderte da der alte Herr, »alle Arten von Sünden stecken in dieser einen; das ist das Merkmal, an dem man einen ausgewachsenen Sünder erkennen kann.«

Ich habe meinen Söhnen immer den Rat gegeben: Geht dem Müßiggänger aus dem Weg, oder er wird euch mit seiner Krankheit anstecken, und ihr werdet sie nicht loswerden. Ich fürchte immer, dass ich auf den Weg der Trägheit geraten könnte, und ich bin stets sehr darauf bedacht, etwas Derartiges im Keim zu ersticken; denn ihr wisst, es ist am besten, den Löwen zu töten, wenn er noch ganz jung ist. Unsere Kinder, das ist sicher, tragen das Böse in sich, das den natürlichen Menschen prägt. Man kann es nämlich von selbst wachsen sehen – wie Unkraut in einem Garten. Hier gilt die alte Wahrheit: »Wie könnte ein Reiner aus einem Unreinen kommen?«[1] Raben zeugen keine Tauben, und Dornen bringen keine Trauben. Unsere Kinder werden mit »lustigen Gesellen« zu nichtsnutzigen Dingen fortlaufen, wenn wir es nicht noch »lustiger« für sie machen, in ihrem Zuhause zu verweilen, und wenn wir sie nicht so erziehen, dass sie die Gesellschaft der Müßiggänger hassen. Lasst sie nie ins Wirtshaus gehen. Lasst sie

1 A.d.H.: Vgl. Hiob 14,4.

lernen, sich selbst einen Groschen zu verdienen, während sie noch jung sind. Lasst sie Rosen im Garten ihres Vaters ziehen. Erzieht sie zu Bienen, und sie werden keine Drohnen werden!

Man hört heutzutage viele Klagen über schlechte Herren, schlechte Herrschaften usw., und ich glaube wohl, dass viel Wahres daran ist, denn es gibt jetzt allerlei Arten von Schlechtigkeiten, wie es sie zu allen Zeiten gegeben hat. Ein andermal – wenn es mir vergönnt ist – will ich auch über dieses Thema reden. Aber ich bin gewiss, dass es auch genug Ursache zur Klage über einige aus dem Arbeiterstand gibt – insbesondere, was die Trägheit betrifft. Gewiss, wir müssen mit solchem Zugvieh pflügen, wie wir es gerade haben. Aber was einige Menschen betrifft, mit denen ich manchmal arbeiten muss, so möchte ich mir ebenso gern ein Paar Schnecken vorspannen oder mit einem toten Frettchen auf die Kaninchenjagd gehen. Und doch schwadronieren sie immerzu von ihrem Recht. Ich wünschte, sie würfen auch einmal einen Blick auf ihr Unrecht und ständen nicht nur da, indem sie sich auf den Griff des Pfluges lehnen! Faule Schlendriane sind gar keine »Arbeiter« – ebenso wenig, wie ein Schwein ein Stier oder eine Distel ein Apfelbaum ist. Nicht alle, die einen grünen Rock tragen, sind darum auch Jäger, noch verdienen alle, die sich so nennen, den Namen Arbeiter. Ich wundere mich manchmal, dass einige unserer Arbeitgeber sich so viele Katzen halten, die ihnen keine Mäuse fangen. Ich würde eher mein Geld in den Brunnen werfen, als einige Leute für ihre sogenannte Arbeit zu bezahlen, über die man sich nur ärgert, dass einem die Haut juckt, wenn man sieht, wie sie einen ganzen Tag auf einem Kohlblatt herumkriechen. Leben und leben lassen, so sage ich auch, aber ich schließe keine Faulenzer in dieses Recht mit ein, denn wer nicht arbeiten will, der soll auch nicht essen.

Vielleicht ist hier der rechte Ort für die Bemerkung, dass einige Personen aus den sogenannten höheren Klassen in dieser Beziehung ein sehr trauriges Beispiel geben. Denn von diesen unseren »großen Herren« sind einige so faul, wie sie reich sind, und oft noch mehr. Die großen Murmeltiere schlafen ebenso lange und so fest wie die kleinen. So mancher Pastor kauft oder borgt sich seine Predigt, um sich dadurch die Mühe zu ersparen, selbst nachdenken zu müssen. Ist das nicht eine abscheuliche Faulheit? Viele von unseren Edelherren haben nichts anderes zu tun, als ihr Haar glattzukämmen. Und ich habe gehört, dass viele von den hohen Herrschaften in London – sowohl Damen als auch Herren – nichts Besseres zu tun haben, als die Zeit totzuschlagen. Nun gibt es ein Sprichwort: »Je höher der Affe klettert, desto besser kann man seinen Schwanz sehen.« Und so ist es auch bei diesen Leuten: Je größer sie sind, desto mehr kann man ihre Trägheit wahrnehmen – und desto mehr sollten sie sich ihrer schämen. Ich sage nicht, dass sie pflügen sollten, aber ich sage sehr wohl, sie sollten etwas für die Allgemeinheit tun und sich nicht damit begnügen, wie die Raupen auf dem Kohl zu sitzen und nur das Gute zu genießen oder wie die Schmetterlinge zu sein, die mit ihren Farben prangen, aber keinen Nektar sammeln, aus dem man Honig gewinnt. Lieber will ich hier auf dem Feld müde und ermattet wie der alte Gaul meines Herrn niedersinken, als Käse und Brot essen, das ich nicht verdient habe. Besser ein ehrenvoller Tod als ein Leben, das keinem Menschen Nutzen bringt – als ein Mensch, dessen Leben wie ein leeres Stück Papier ist.

Übrigens bekommen die trägen Menschen doch nicht viel Ruhe mit all ihrer Schlauheit, denn schließlich haben sie sich immer am meisten zu mühen. Sie wollen das Dach nicht ausbessern, und so müssen sie sich ein neues Haus bauen. Sie wollen das Pferd nicht vor den Wagen spannen, und so müssen sie ihn selbst ziehen. Wenn sie weise wären, so würden sie ihre Arbeit gut machen, damit sie diese nicht zweimal machen müssten. Sie würden sich ins Zeug legen, während sie über der Arbeit sind, und sie sich damit vom Halse schaffen. Wer daher keine schwere Arbeit liebt, dem rate ich: Nimm dein Werk mutig in Angriff und erledige es schnell, so hast du nachher auch wieder desto mehr Ruhezeit!

Ich wünschte, dass alle frommen Leute diese Angelegenheit genau betrachteten. Denn einige, die sich zu den Gläubigen zählen, sind erstaunlich träge und geben dadurch den Zungen der Gottlosen viel Stoff zum Lästern. Ich denke mir, ein gottesfürchtiger Pflüger müsste der beste Arbeiter auf dem Feld sein, und kein Gespann müsste es mit dem seinen aufnehmen können. Wenn wir bei der Arbeit sind, so sollten wir auch unsere ganze Aufmerksamkeit darauf verwenden und den Pflug nicht anhalten, um zu plaudern, auch wenn sich unser Gespräch um geistliche Dinge dreht. Denn dann stehlen wir unserem Arbeitgeber nicht nur unsere eigene Zeit, sondern auch die Zeit, in der die Pferde eingesetzt werden können. Ich habe Leute sagen hören: »Halte nie den Pflug an, um eine Maus zu fangen.« Ebenso töricht ist es anzuhalten, um nichtiges Geschwätz zu führen. Außerdem ist derjenige, der die Arbeit nicht zügig erledigt, wenn der Herr fort ist, ein Augendiener, was – soviel ich weiß – das genaue Gegenteil von einem wahren Christen ist. Wenn einige von den Mitgliedern in unserer Gemeinde ihre Arme und Beine bei ihrer Arbeit etwas schneller bewegen und ihre Zunge etwas mehr im Zaum halten würden, so würden sie für unseren Glauben ein besseres Zeugnis ablegen, als sie es jetzt tun. Die Welt sagt, die größten Schurken seien die frommen Schurken. Und ich bedauere, sagen zu müssen, dass einer der größten Faulenzer, die ich kenne, ein gläubiger Mann von der Art des »Schwätzers« in Bunyans *Pilgerreise* ist. Sein Garten ist so mit Unkraut überwachsen, dass ich oft Lust habe, es statt seiner auszujäten, um unserer Gemeinde die Schande zu ersparen, die er ihr macht. Wäre er ein junger Bursche, so würde ich ihn darüber zur Rede stellen und ihn eines Besseren belehren, aber wer kann bei einem sechzigjährigen Kind Schulmeister spielen? Er ist unserem in Ehren gehaltenen Prediger regelrecht ein Dorn im Auge. Dieser ist ganz bekümmert darüber und sagt bisweilen, dass er sich eine andere Stelle suchen wolle, weil er ein solches Verhalten nicht ertragen könne. Ich sage ihm aber, dass man – wohin man auch geht – sicherlich einen Dornbusch neben seiner Tür haben wird und dass man Gott danken kann, wenn es nicht gleich zwei sind. Dennoch ist es mein ernstlicher Wunsch, dass alle Christen fleißige Leute sein mögen, denn der christliche Glaube hat durchaus nicht den Zweck, uns träge zu machen. Jesus vollbrachte ein großes Werk, und seine Jünger dürfen sich nicht vor harter Arbeit scheuen.

Was Herzenskälte und Schläfrigkeit im *Dienst des Herrn* betrifft, so hat es zu viel davon gegeben. Dies ist teilweise die Ursache dafür, dass das geistliche

Leben mancherorts zugrunde geht. Die Menschen reiten auf Hirschen, wenn sie nach Gewinn jagen, und auf Schnecken, wenn sie auf dem Weg zum Himmel sind. Der Prediger langweilt die Gemeinde, träumt vor sich hin und schaukelt sich auf dem Sorgenstuhl, und die Gemeinde fängt an, zu gähnen und die Hände zusammenzufalten, und dann heißt es, Gott habe den Segen vorenthalten. Jeder Taugenichts bejammert das Unglück, das ihn getroffen hat, und einige Gemeinden haben es gelernt, denselben bösen Kniff zu gebrauchen. Ich bin davon überzeugt: Wenn Paulus pflanzt und Apollos begießt, dann gibt Gott das Gedeihen, und ich habe keine Geduld mit denjenigen, welche die Schuld auf Gott wälzen, während sie diese bei sich selbst suchen müssen.

Jetzt habe ich meinen Flachs abgesponnen. Ich fürchte freilich, dass ich einen vertrockneten Stamm begossen habe. Allein, ich habe mein Bestes getan, und kein König kann mehr tun. Eine Ameise bringt es nicht zum Honigmachen, wenn sie auch ihr Leben daransetzt, und ich werde meine Gedanken nie in solch nette Formulierungen kleiden können, wie es die gelehrten Herren Bücherschreiber verstehen. Doch was wahr ist, das ist wahr, sei es auch in einen Leinwandkittel gehüllt, und damit Ende der Geschichte!

Über Schwatzhaftigkeit

In der Kirche zu Walton in der Grafschaft Surrey befindet sich ein Zaum für Lästermäuler, der in früheren Jahren dazu gebraucht wurde, die Zungen der Frauen daran zu hindern, ihre Ehemänner und ihre Nachbarn zu belästigen. Man hat in den guten alten Zeiten seltsame Dinge getan. War dieser Zaum ein Beweis von dem, was unser Pastor »die Weisheit unserer Vorfahren« nennt, oder war er ein Stück unnötiger Grausamkeit?

Manche gottlosen und boshaften Redensarten über die Frauen sind aus der allgemeinen Beobachtung hervorgegangen, dass die Frauen unendlich viel Schaden mit ihren Zungen anrichten. Stimmt das, oder trifft das nicht zu? Der Pflüger Hans will lieber einen anderen statt seiner darauf antworten lassen, denn er muss bekennen, dass er auch kein Geheimnis für sich behalten kann und dass er wie viele andere solch ein Plauderstündchen schätzt. Hier muss man allerdings einschränken, dass Hans keine Freude daran findet, andere Leute dabei in Misskredit zu bringen, und dass er die Lästerungen, die einigen so sehr munden, nicht leiden kann. Hans legt die Frage weiseren Leuten vor, als er selbst es ist: Sind die Frauen viel schlimmer in dieser Beziehung als die Männer?

Man sagt, dass Schweigen ein schöner Schmuck für eine Frau sei, dass er aber sehr wenig getragen werde. Ist es so? Ist es wahr, dass eine Frau nur das verheimlicht, was sie nicht weiß? Sind Frauenzungen den Lämmerschwänzen gleich, die sich immerzu bewegen? Entspricht das der Wahrheit, oder stimmt das nicht? War jenes alte Gebet unnötig: »Gott bewahre uns vor großen Kanonen und vor Weiberzungen«? Hans hat selbst eine ganz vortreffliche und stille Frau, deren Stimme so lieblich ist, dass er sie nicht zu oft hören kann, und darum ist er kein unparteiischer Richter in dieser Sache. Aber er hat auch etwas Sorge, dass einige andere Frauen lieber ihre Zurückhaltung aufgeben, als still zu beten, und keinen starken Kaffee zu trinken brauchen, um sich in Bewegung zu setzen und den neuesten Klatsch zu verbreiten. Jedoch – was für die Gans gut ist, ist auch gut für den Gänserich, und einige Männer verstehen Klatsch und Tratsch ebenso gut wie die Frauen.

Wie schade, dass nicht eine Steuer auf Worte erhoben wird! Welche Einnahmen würde der Staat dadurch haben! Aber leider ist das Reden steuerfrei. Und wenn für Lügen das Doppelte zu bezahlen wäre, so könnte die Regierung sämtliche Staatsschulden damit abtragen; nur – wer könnte das Geld einsammeln? Wo immer man allgemein Gerüchte verbreitet, sind Lügen zu finden. Wer etwas nur vom

Hörensagen weiß und weitergibt, hat schon halb gelogen. Eine Geschichte wird nicht kürzer durchs Wiedererzählen. Gerüchte sind wie Schneebälle: Je länger man sie wälzt, desto größer werden sie. Wer viel redet, lügt viel. Wenn die Menschen nur das erzählen würden, was wahr ist, in welch einer friedlichen Welt würden wir dann leben! Schweigen richtet selten Schaden an, aber Reden ist eine Landplage. Schweigen ist Weisheit, und an diesem Satz gemessen gibt es wenige weise Männer und weise Frauen. Stille Wasser sind tief, die seichtesten Bäche murmeln am lautesten. Ein offener Mund lässt auf einen leeren Kopf schließen. Wenn der Schrank Gold und Silber enthielte, würde er nicht immer weit offen stehen. Das Reden kommt einem von selbst, aber es kostet eine gehörige Portion Erziehung, um zu lernen, ruhig zu sein.

Wenn es nun einmal dazu kommt, dass wir reden müssen, so lasst uns wenigstens Lästerworte vermeiden und nicht hinter dem Rücken anderer reden. Für den Geschichtenerzähler mag das Lästern ein Vergnügen sein, aber es ist der Tod für den, der sein Opfer ist. Wir können mit der Zunge ebenso gut einen Mord begehen wie mit der Hand. Rufmord ist eines der schlimmsten Übel. Der Quäker sagte einst zu seinem Hund: »Ich will dich nicht schlagen, ich will dich nicht beschimpfen, aber ich will dir einen schlechten Namen anhängen.« Nicht alle, die von Hunden angebellt werden, sind Diebe, aber sie werden doch meist so behandelt, als ob sie es wären. Denn man glaubt meistens, dass dort, wo Rauch ist, auch Feuer sein müsse und dass das, was jedermann sagt, wahr sein müsse. Lasst uns also sorgsam sein, dass wir unseren Nächsten nicht an einer so empfindlichen Stelle wie seinem guten Ruf verletzen. Es ist schwer, Schmutz loszuwerden, wenn man einmal damit beworfen worden ist. Wenn jemand erst einmal auf der schwarzen Liste der Leute rings um ihn her steht, so kommt er selten wieder ganz davon herunter. Wer nicht Unrecht reden möchte, dem ist zu empfehlen, so wenig wie möglich zu reden. Denn wenn die Sünden aller Menschen auf zwei Haufen verteilt würden, so würde sich zeigen, dass die eine Hälfte Zungensünden sind. »Wir alle straucheln oft. Wenn jemand nicht im Wort strauchelt, der ist ein vollkommener Mann, fähig, auch den ganzen Leib zu zügeln« (Jak 3,2).

Ihr Schwätzer und Schwätzerinnen, gebt das schmähliche Geschäft der Verleumdung auf! Dient dem Teufel nicht länger als Blasebälge, mit denen er das Feuer des Streites schürt! Hört auf, die Leute gegeneinander aufzuhetzen! Wenn ihr nicht ein Stück von eurer Zunge abschneiden könnt, so würzt sie wenigstens mit dem Salz der Gnade! Preist Gott mehr und tadelt eure Nachbarn weniger! Jede Gans kann schnattern, jede Fliege kann eine wunde Stelle auffinden, jedes leere Fass kann tönen, jeder Dornstrauch kann einen Menschen verwunden. Wenn ihr den Mund zuhaltet, so werden euch keine Fliegen in den Hals kommen – und alle üble Nachrede unterbleibt. Denkt viel, aber sprecht wenig! Seid schnell, wenn es an die Arbeit geht, und langsam, wenn ihr reden sollt! Vor allem aber bittet den Gott aller Gnade: »Setze, HERR, meinem Mund eine Wache, behüte die Tür meiner Lippen!« (Ps 141,3).

Ergreife die Gelegenheit

Einige Leute sind nie zur Stelle, wenn der Zug abfährt. Sie kommen genau zu der Zeit in den Bahnhof geschlendert, zu der sie gewiss sein können, dass es zu spät ist, und sagen dann in schläfrigem Ton: »Was? Ist der Zug schon fort? Da muss meine Uhr in der Nacht stehen geblieben sein!« Sie kommen regelmäßig einen Tag nach dem Markt zur Stadt und packen ihre Waren eine Stunde nach Geschäftsschluss aus. Sie machen ihr Heu, wenn die Sonne nicht mehr scheint, und schneiden das Korn, sobald das schöne Wetter vorüber ist. Sie schreien »Halt!«, wenn der Schuss aus dem Gewehr heraus ist, und verschließen die Stalltür, nachdem das Pferd gestohlen ist. Sie gleichen dem Kuhschwanz, der immer hinten nachhängt. Unpünktliche Leute entschuldigen sich meistens mit den Worten, dass sie sich nur ein wenig verspätet haben, aber ein wenig zu spät ist viel zu spät, und beinahe gewonnen bedeutet ganz verloren. Mein Nachbar Gemächlich deckte seinen Brunnen zu, nachdem das Kind hineingefallen war. Außerdem war er sehr damit beschäftigt, eimerweise Löschwasser heranzuschleppen, nachdem das alte Bauernhaus völlig niedergebrannt war. Demnächst wird er den Entschluss fassen, sein Testament zu machen, wenn er die Feder nicht mehr in der Hand halten kann, und wird versuchen, Buße zu tun, wenn ihm das Bewusstsein zu schwinden beginnt.

Diese langsamen Menschen denken: Morgen ist besser als heute. Ihre Lebensregel ist ein altes, aber ins Gegenteil verkehrtes Sprichwort: »Was du heute kannst besorgen, das verschieb getrost auf morgen.« Sie warten immer auf gebratene Tauben, die ihnen in den Mund fliegen sollen, und träumen immer von einem Glück, das ihnen in den Schoß fallen werde. Dabei wuchert das Unkraut in ihren Furchen, und die Kühe brechen durch die Lücken ihrer Hecken hindurch. Wenn sich die Fasane nur Salz auf den Schwanz streuen lassen wollten, was für einen Schmaus würden sie dann ihren Familien heimbringen! Solange sich aber alles in der Welt noch immer so schnell bewegt, werden schon ihre Kleinen den Löffel leer in den Mund stecken müssen. »Lass gut sein«, sagen sie, »es kommen bessere Zeiten, warte noch ein wenig länger.« Ihre Tauben sitzen alle auf dem Dach und sind alle außerordentlich fett, wie sie meinen; und es wäre ihnen dies auch sehr zu wünschen, denn bis jetzt haben sie noch keine in der Hand gehabt, nicht einmal einen Spatz – und Frau und Kinder nagen am Hungertuch. Es wird noch etwas zum Vorschein kommen, sagen sie; warum gehen diese törichten Menschen nicht selbst hin und bringen es zum Vorschein? Zeit und Flut warten auf niemanden, und doch treiben sich diese Müßiggänger umher, als ob Zeit und Gelegenheit ihnen als unverlierbarer Erbbesitz gehörten, als ob sie eine bestimmte Lebenszeit gepachtet hätten und als ob sich jedem Menschen eine Unzahl von guten Gelegenheiten bieten würde. Doch wer den Frühling vergeudet, wird einen mageren Herbst haben. Wer das Eisen nicht schmieden will, wenn es heiß ist, wird das kalte Eisen bald sehr hart finden. Wer nicht will, wenn er kann, wird nicht können, wenn er will. Die Zeit fährt vorüber wie der Wind, und wer sein Korn mit ihr mahlen will, muss die Mühlenflügel nach ihr richten. »Sperr auf den Mund und wart auf Brot, / dann wirst du warten, bis kommt der Tod.« Außer Armut und Schmutz ist nichts in der Welt ohne Mühe zu erlangen. Früher pflegte man zu sagen: »Der Dumme hat Glück« – aber heutzutage ist eher das Gegenteil richtig. Nie, weder in alten noch zu irgendwelchen anderen Zeiten, galt oder gilt: Es wird einer Glück haben, der sich die ihm gebotenen guten Gelegenheiten törichterweise entgehen lässt. Denn die Hasen laufen nicht den schlafenden Hunden ins Maul. Wer Zeit hat und auf bessere Zeit wartet, wird eine Zeit bekommen, die ihm nicht gefällt. Wenn ich einen Menschen finde, der über die schlechten Zeiten klagt und jammert, dass er immer Unglück habe, so sage ich mir gewöhnlich: ›Die alte Gans ist nicht ordentlich auf den Eiern sitzen geblieben, und nun, wo sie alle verdorben sind, klagt sie die Vorsehung an, dass keine Jungen herauskommen.‹ »Glück gehabt«, sagen viele, doch diese Redensart mag ich nicht. »Fleiß ist die Mutter des Glücks«, das ist dagegen ein Sprichwort, mit dem ich es halte: Einen Menschen wird sein Glück über den Graben tragen, wenn er tüchtig springt; es wird ihm zu einem Stück Speck im Topf verhelfen, wenn er fleißig nach seinem Garten sieht und sich ein Schwein mästet. Ich denke mir, dass das Glück wenigstens einmal im Leben an jedermanns Tür klopft; macht aber dann der Fleiß die Tür nicht auf – fort ist es! Wer den letzten Zug versäumt hat und sich jede Gelegenheit entgehen lässt, fängt meistens an, sein Schicksal zu schelten, dass es ihn immer in ungünstige Umstände versetze. »Ich habe doch immer Pech. Wäre ich Hutmacher, so würden bestimmt die Leute ohne Köpfe geboren werden. Liefe ich ans Meer, um Wasser zu schöpfen, so fände ich es ausgetrocknet.« Jeder Wind ist widrig für ein schlecht geführtes Schiff. Weder die Weisen noch die Wohlhabenden können dem helfen, der sich lange geweigert hat, selbst die Gelegenheit zu ergreifen und an die Arbeit zu gehen.

Dass man seine Augen aufmachen soll

Wer gut durch die Welt kommen will, muss wachsam um sich blicken und selbst im Schlaf *ein* Auge offen haben, denn es gibt manchen Köder für Fische, manches Netz für Vögel und manche Falle für Menschen. Solange so viele Füchse umherlaufen, dürfen wir keine Gänse sein. Viele Leute sehen mit *einem* Auge mehr als andere mit zweien, und viele haben gute Augen und können doch gar nichts erkennen. Nicht alle Köpfe sind mit Weisheit gefüllt. Einige meinen, sich derart umfassend absichern zu müssen, dass sie jeden verdächtigen und ihr ganzes Leben in elender Furcht vor ihren Nachbarn zubringen. Andere sind so einfältig, dass sie sich von jedem Betrüger hinters Licht führen und sich das Fell über die Ohren ziehen lassen. Der eine versucht, durch eine dicke Mauer hindurchzusehen, und wundert sich, dass er dabei seine Augen überanstrengt. Der andere entdeckt ein Loch darin und sieht da hindurch – so weit, wie es ihm gefällt. Einige arbeiten vor der Tür eines Schmelzofens und werden doch nicht versengt; andere verbrennen sich die Finger an einem Feuer, an dem sie sich nur wärmen wollten. Nun stimmt es zwar, dass niemand einen anderen zu einem weisen Mann machen kann, sondern dass jeder aus Erfahrung selbst klug werden muss. Ich will aber dennoch einige Mahnungen zur Vorsicht zum Besten geben, die mir für meine Person gute Dienste geleistet haben; vielleicht sind sie auch anderen zum Nutzen.

Niemand sieht einem ehrlichen Mann ähnlicher als ein recht durchtriebener Schurke. Wenn du einen Menschen siehst, der ganz besonders viel Frömmigkeit zur Schau stellt, so kannst du gewiss sein, dass er nur einen kleinen Vorrat davon auf Lager hat. Wähle deinen Freund nicht nach dem Äußeren: Hübsche Schuhe drücken oft. Vorsicht vor Komplimenten! Halte nicht denjenigen Menschen für den besten, der zu allem und jedem etwas zu sagen hat: Katzen, die viel miauen, fangen selten viele Mäuse. Gib dich ja nicht in die Gewalt eines anderen Menschen; wer seinen Daumen zwischen zwei Mühlsteine hält, darf sich nicht wundern, dass er gequetscht wird. Trinke nichts, ohne zu sehen, was es ist. Unterschreibe nichts, ohne es vorher gelesen zu haben, und überzeuge dich, dass nicht mehr damit gemeint ist, als die Worte besagen. Ziehe nicht vor Gericht, wenn du noch etwas zu verlieren hast – die Häuser von Anwälten wurden mit dem Vermögen törichter Menschen erbaut. Wate bei keiner Sache so tief ins Wasser hinein, dass du den Grund nicht mehr erkennen kannst. Setze kein Vertrauen auf die Quittung am Geldbeutel und zähle das Geld selbst nach. Lass dir den Sack aufmachen, ehe du kaufst, was darin ist. Wer die Katze im Sack kauft, ist förmlich darauf bedacht, betrogen zu werden. Halte dich fern von Menschen, die nichts von sich selbst halten. Hüte dich vor jedem, der Flüche ausstößt; denn wer seinen Schöpfer lästern kann, macht sich auch nichts aus Lügen und Stehlen. Hüte dich aber vor niemandem mehr als vor dir selbst; denn wir tragen die schlimmsten Feinde in unserem eigenen Herzen.

Begegnet dir eine neue Lehre oder Meinung, so beiße nicht eher zu, bis du weißt, ob sie Brot oder Stein ist, und denke nicht, dass der Pfefferkuchen gut sein muss, weil er mit Schokolade verziert ist. Rufe nicht »Hurra«, bevor du nicht ganz aus dem Wald heraus bist, und juble nicht eher über den Fang, bis du die Fische im Netz hast. Zum Rühmen ist es immer noch früh genug. Gieße kein schmutziges Wasser fort, bis du sauberes hast. Fahre fort, die Straße zu fegen, solange du keine bessere Arbeit bekommen kannst. Der geringste Verdienst ist besser als gar keiner, und der niedrigste Dienst ist besser, als ohne Arbeit zu sein. Einem Ochsen und einem Verrückten gehe stets aus dem Weg. Prügle dich nicht mit einem Kohlenträger und streite nicht mit einem niederträchtigen Menschen, denn in beiden Fällen bleibt der Schmutz gewiss an dir kleben. Reite nie auf einem Pferd, das schon lahmt. Der Kaufmann, der sich *einmal* eines betrügerischen Bankrotts schuldig gemacht hat, ist nicht der rechte Mann, mit dem man

Geschäfte machen kann. Ein wackeliger Stuhl ist ein gefährlicher Sitz. Allzu höflichen Leuten traue nicht. Lass dich nicht mit solchen ein, die ungestüm vorpreschen oder grob sind. Wenn du spürst, dass jemand mit seinen Plänen irgendetwas im Schilde führt, so sei auf der Hut. Stelle die Falle auf, sobald du eine Ratte riechst, aber nimm dich in Acht, dass du dir nicht die Finger dabei einklemmst. Habe nichts zu schaffen mit einem Prahlhans, denn sein Bier ist lauter Schaum; und wenn er sich auch rühmt, dass alle seine Waren und selbst sein Hausgeschirr aus Gold und Silber bestehen, so wirst du bald entdecken, dass Prahlhänse und Lügner miteinander verwandt sind.

Vertraue niemandem alle deine Geheimnisse an; vertraue auf Gott mit ganzem Herzen, wäge aber dein Vertrauen auf Freunde in den Schalen der Klugheit ab, denn Menschen sind eben nur Menschen, und alle Menschen sind schwach. Hänge keine schweren Gewichte an dünne Fäden. Sei aber auch nicht allzu argwöhnisch, denn der Argwohn ist im besten Falle eine Tugend der Feiglinge.

Mein letzter Rat an jedermann ist: Denkt daran, dass das allein wahre Weisheit ist, die sich am Ende als solche erweisen wird. Diese sucht, meine Freunde, und sucht sie zu den Füßen des weisesten aller Lehrer, des Herrn Jesus!

Gedanken über Gedanken

Es gibt nicht so viele Stunden in einem Jahr, wie man Gedanken in einer Stunde haben kann. Die Gedanken fliegen scharenweise wie Stare und in Schwärmen wie Bienen daher. Man kann sie ebenso wenig zählen wie die dürren Blätter im Herbst. Und wie die Glieder einer Kette zieht einer den anderen hinter sich her. Was für ein unruhiges Geschöpf ist doch der Mensch! Seine Gedanken tanzen auf und nieder wie die Mücken an einem Sommerabend! Wie eine Wanduhr voller Zahnräder, deren Pendel sich in lebhafter Schwingung befindet, so bewegt sich sein Gemüt – so schnell, wie die Zeit verfließt. Dadurch wird das Denken überaus bedeutsam. Aus vielen unscheinbaren Gedanken wird etwas Großes, und aus vielen leichten Gedanken wird schnell ein schweres Gewicht von Sünden. Wo viele Kinder sind, hat die Mutter wohl Ursache, sie gut zu beaufsichtigen. Wir sollen auf unsere Gedanken achtgeben, denn wenn sie sich in unsere Feinde verwandeln, so werden sie überhandnehmen und uns ins Verderben hinunterziehen. Gute Gedanken füllen unsere Seele mit Himmelsliedern wie Vögel im Frühling, aber böse Gedanken werden uns beißen wie Ottern.

Die Menschen meinen oft, die Gedanken seien frei; aber ich erinnere mich, gelesen zu haben, wenn Gedanken auch zollfrei sind, so sind sie doch nicht höllenfrei. Das stimmt genau mit dem überein, was das gute alte Buch, die Bibel, sagt. Wir können wegen unserer Gedanken vor keinen irdischen Gerichtshof zitiert werden; aber seid versichert, dass wir uns darüber vor dem letzten großen Tribunal werden verantworten müssen. Böse Gedanken sind das innerste Mark der Sünde. Sie sind das Malz, aus dem die Sünde gebraut wird. Sie sind der Zunder, an dem der Funke der Versuchung des Teufels Feuer fängt. Und sie sind das Butterfass, in dem die Milch der Fantasie zu Absichten und Plänen gerinnt – und das Nest, in das alle bösen Vögel ihre Eier legen. Wie das Feuer sowohl Reisig als auch Holzblöcke verzehrt, wird Gott ebenso wohl die sündigen Gedanken wie die sündigen Taten bestrafen (Mt 5,28; 9,4).

Denke niemand, dass die Gedanken dem Herrn nicht bekannt seien. Denn er hat ein Fenster, das sich bis ins Innerste der Seele hin öffnet – ein Fenster, das man durch keine Läden verschließen kann. Wie wir in einem Aquarium die Fische beobachten, so blickt das Auge des Herrn auf uns. Die Bibel sagt: »Ihre Werke und ihre Gedanken sind vor mir« (Jes 66,18). Der Mensch kann vor Gott nichts verbergen; für den Himmel gibt es keine Geheimnisse. Was im Innersten des Herzens geschieht, ist für das Auge Gottes so öffentlich wie ein Marktplatz.

Einige werden sagen, dass böse Gedanken unwillkürlich in ihnen aufsteigen. Das mag sein, aber die Frage ist doch: Hassen wir sie oder nicht? Wir können die Diebe nicht davon abhalten, in unsere Fenster hineinzusehen; wenn wir ihnen aber die Türen aufmachen und sie mit Freuden aufnehmen, so sind wir nicht besser als sie. Wir können die Vögel nicht daran hindern, über unseren Köpfen hinzufliegen; aber wir brauchen es nicht zu dulden, dass sie ihre Nester in unseren Haaren bauen. Unnütze Gedanken klopfen wohl an die Tür, aber wir sollen ihnen nicht auftun. Wenn böse Gedanken auch in uns *aufsteigen*, so dürfen sie doch nicht über uns *herrschen*. Wer einen Bissen im Mund hin und her bewegt, tut es, weil ihm der Geschmack gefällt; und wer in dieser Weise über das Böse nachdenkt, liebt es und ist fähig, es zu begehen. Wenn du an den Teufel denkst, wird er erscheinen. Wenn du deine Gedanken der Sünde zuwendest, werden deine Hände bald nachfolgen. Schnecken lassen eine Schleimspur hinter sich zurück, und ebenso ist dies bei unnützen Gedanken der Fall. Ein Pfeil fliegt durch die Luft, ohne eine Spur zurückzulassen, aber ein böser Gedanke lässt wie eine Schlange immer eine Fährte hinter sich. Wo viel böse Gedanken hausen, da wird auch viel Schmutz und Unrat sein. Hätschle die Sünde nur auf dem Schoß des Gedankens, und es wird ein Riese daraus erwachsen. Tauche Wolle in Petroleum ein, und wie wird das Ganze auflodern, wenn es dem Feuer zu nahe kommt! Darum gebietet uns die Weisheit, auf das Denken und Planen unseres Herzens täglich achtzugeben. Gute Gedanken sind segenbringende Gäste und sollten herzlich willkommen geheißen, reich bewirtet und oft eingeladen werden. Wie Rosenblätter geben sie einen lieblichen Duft von sich, wenn sie im Krug des Gedächtnisses aufbewahrt werden. Sie können gar nicht genug gepflegt werden; sie sind eine Frucht, die den Boden bereichert. Wie eine Henne ihre Küken unter ihren Flügeln wärmt, so sollten wir alle heiligen Gedanken in uns pflegen. Gottgemäße Betrachtungen sollten uns über alles wertvoll sein. Geheiligte Gedanken bringen geheiligte Worte sowie geheiligte Taten hervor und sind zuverlässige Kennzeichen eines erneuerten Herzens. Wer möchte sie nicht haben? Ein sicherer Weg, den Scheffel von Spreu freizuhalten, ist der, ihn bis oben hin mit Weizen zu füllen. Und wenn man nichtige Gedanken fernhalten will, so ist es klug und weise, stets geeignete Themen im Herzen zu bewegen, die uns zu gottgemäßen Betrachtungen veranlassen. Sie sind leicht zu finden. Wir sollten nie ohne sie sein. Mögen wir alle stets mit dem Psalmisten sagen können: »Als viele unruhige Gedanken in mir waren, beglückten deine Tröstungen meine Seele« (Ps 94,19; RELB).

Über Fehler

Wer sich rühmt, dass er vollkommen sei, der ist ein vollkommener Narr. Ich habe mich schon ein gutes Stück in der Welt umgesehen, aber ich habe noch nie ein vollkommenes Pferd oder einen vollkommenen Menschen gesehen, und dies wird auch nie der Fall sein, solange nicht zwei Sonntage auf einen Tag fallen. Aus einem Kohlensack kann kein weißes Mehl herauskommen, aus der menschlichen Natur keine Vollkommenheit; wer sie da sucht, könnte ebenso gut Zucker im Meer suchen. Ein altes Sprichwort sagt: »Leblos, fehlerlos.« Wenn wir über die Toten reden, sollten wir uns sehr zurückhalten, ihre Sünden zu erwähnen. Dennoch müssen wir sagen, dass wir alle vom gleichen Schlag und von der Sünde geprägt sind, und das kann man schon mit einem halben Auge bei jedem Erdenbürger sehen. In den Gedanken eines jeden Menschen findet sich eine Stelle, wo es an Weisheit und Einsicht mangelt, und in jedem Herzen findet sich ein Quäntchen Verkommenheit. Jede Rose hat ihre Dornen, und jeder Tag hat seine Nacht. Selbst die Sonne hat ihre Flecken, und der Himmel wird von Wolken verdunkelt. Niemand ist so weise, dass er nicht töricht genug wäre, sich auch eine Bude auf dem Jahrmarkt der Eitelkeiten zu errichten. Wo ich die Narrenkappe nicht sehen konnte, habe ich doch wenigstens die Schellen daran klingeln hören. Wie es keinen Sonnenschein ohne irgendwelchen Schatten gibt, so ist alles menschliche Gute mehr oder weniger mit Übel vermischt. Selbst die Armenkommission[2] macht hier und da einen Fehler, und der Dorfgeistliche verhält sich nicht immer nach gottgemäßen Grundsätzen. Der beste Wein hat seinen Bodensatz. Die Fehler stehen den Menschen nicht immer an der Stirn geschrieben, und das ist auch ganz gut so, denn sonst würden die Hüte sehr breite Krempen haben. Aber so gewiss ein Ei dem anderen ähnlich ist, so stecken Fehler irgendwelcher Art in jedem Menschenherzen. Niemand kann sagen, wann die Sünden eines Menschen zutage treten werden, denn gerade, wenn man sie nicht erwartet, springen die Hasen aus dem Graben hervor. Ein schwachbeiniges Pferd mag vielleicht einen halben oder einen ganzen Kilometer lang nicht straucheln, aber es gelingt ihm nicht, das Fehltreten zu vermeiden, und der Reiter tut gut daran, es sorgsam zu lenken. Die alte Katze leckt vielleicht jetzt keine Milch, aber lass einmal die Tür zur Milchkammer offen, und wir wollen sehen, ob sie nicht eine ebenso große Diebin ist wie das kleine Kätzchen. Der Flintstein eignet sich bestens zum Feuermachen, so kalt er sich auch anfühlt: Warte, bis er einen Schlag

2 A. d. H.: Eine Behörde, die zu der damaligen Zeit die für die Armenunterstützung bestimmten Gelder von städtischer, kirchlicher und privater Seite verwalten und über deren Einsatz entscheiden sollte.

vom Stahl erhält, und du wirst es sehen. Das wissen im Grunde alle, dennoch denkt nicht jeder daran, sein Pulver sorgfältig zu hüten, damit es nicht mit dem Feuer in Berührung kommt.

Wenn wir immer daran denken würden, dass wir uns unter unvollkommenen Menschen in der Welt bewegen, so würden wir nicht in solche Aufregung geraten, wenn wir die Fehler unserer Freunde bemerken. Was verfault ist, das zerreißt. Töpfe, die einen Sprung haben, lassen das Wasser durch. Die besten Menschen sind im besten Falle immer nur Menschen, und auch das beste Wachs schmilzt. In dieser gefallenen Welt wächst auch auf dem reinsten Weizenfeld einiges an Unkraut, und das am besten gewachsene Stück Bauholz hat seine Knoten. Auch der vorsichtigste Fuhrmann wirft einmal den Wagen um, die geschickteste Köchin vergießt ein wenig Brühe, und auch ein ganz tüchtiger Pflüger – das weiß ich leider aus Erfahrung – bricht hin und wieder den Pflug entzwei oder zieht die Furchen schief. Es ist töricht, sich von einem bewährten Freund wegen einiger Fehler zu trennen, denn man mag einen einäugigen Gaul loswerden und einen blinden dafür kaufen. Da wir alle voller Fehler sind, sollten wir es lernen, uns gegenseitig zu ertragen. »Wer selbst im Glashaus sitzt, soll nicht mit Steinen werfen.« Jeder lacht, wenn der Topf zum Kessel sagt: »Wie schwarz bist du doch!« Die Unvollkommenheiten anderer Menschen zeigen uns unsere eigenen Unvollkommenheiten, denn *ein* Schaf ist so ziemlich wie das andere. Wir sollten unsere Mitmenschen wie Spiegel gebrauchen, in denen wir unsere eigenen Fehler erkennen, und das in uns selbst bessern, was wir an ihnen wahrnehmen.

Ich habe keine Geduld mit denen, die ihre Nasen in jedermanns Haus stecken, um dort Fehler zu erschnüffeln, und die Vergrößerungsgläser benutzen, um die Fehler ihrer Nachbarn herauszufinden. Solche Leute sollten lieber zu Hause herumsuchen – sie könnten den Teufel da finden, wo sie kaum damit gerechnet haben, ihm zu begegnen. Was wir sehen *wollen*, das werden wir sehen (auch wenn wir es vielleicht nur vermeintlich sehen). Fehler sind immer dick, wo die Liebe dünn ist. Eine weiße Kuh ist total schwarz, wenn es deinem Auge gefällt, sie als solche anzusehen. Wenn wir lange genug an Rosenwasser schnuppern, so werden wir herausfinden, dass es einen schlechten Geruch hat. Es wäre weitaus angenehmer – wenigstens für die anderen –, wenn die Fehlerjäger ihre Hunde dazu abrichten würden, die guten Seiten anderer Leute aufzuspüren. Das Ganze würde sich viel mehr auszahlen, und niemand würde vor dem betreffenden Haus stehen, um die Fehlerjäger davonzujagen. Was unsere eigenen Fehler betrifft, so würden wir eine ziemlich große Schiefertafel haben müssen, um sie darauf verzeichnen zu können. Doch wir wissen ja, Dank sei Gott, wo wir sie hinbringen und wie wir mit ihnen fertigwerden können. Bei allen unseren Fehlern liebt uns Gott immer noch, wenn wir gläubig auf seinen Sohn vertrauen. So lasst uns also nicht verzagt einhergehen, sondern hoffen, dass wir leben und lernen und noch einiges an Gutem werden tun können, ehe wir sterben. Wenn auch die Karre zuweilen knarrt, so wird sie doch mit ihrer Last nach Hause kommen, und das alte Pferd wird, obwohl es schon lahmt, doch noch ein wahres Wunderwerk verrichten. Es nützt nichts, uns hinzulegen und nichts zu tun, weil wir nicht alles so tun können, wie wir es möchten. Fehler hin oder her, das Pflügen muss nun einmal geschehen, und zwar muss es von unvollkommenen Menschen erledigt werden, oder es gibt im nächsten Jahr keine Ernte. Mag der Pflüger Hans auch noch so unvollkommen beim Bestellen des Ackers sein, so tun doch die Engel die Arbeit nicht für ihn, und so macht er sich denn selbst daran. Zieh, Schimmel! Hüa, Brauner!

Dinge, die es nicht wert sind, versucht zu werden

Ein altes, weises Sprichwort lautet: »Gib nicht alles aus, was du hast, glaube nicht alles, was du hörst, sage nicht alles, was du weißt, und tue nicht alles, was du kannst.«

Es gibt so viel Arbeit, dass es schade ist, wenn wir unsere Kraft unnütz vergeuden. Es ist reiner Zeitverlust, Milch von einem Türpfosten oder Blut von einer Rübe oder Verstand von einem Narren zu erwarten. Bitte einen Geizigen nicht eher um Geld, als bis du einen Kieselstein weich gekocht hast. Verklage keinen Schuldner, der nicht einen Pfennig Vermögen hat; du wirst nur gutes Geld dem schlechten nachwerfen. Du wirst also dein Frettchen loswerden, ohne das Kaninchen zu bekommen. Biete keinem Blinden einen Spiegel an; wenn ein Mensch so stolz ist, dass er seine Fehler nicht sehen will, so wird er dich nur dafür beschimpfen, dass du ihn darauf aufmerksam gemacht hast. Es nützt nichts, einem Maulwurf eine Laterne vorzuhalten oder mit einem Menschen vom Himmel zu sprechen, der nach nichts fragt als nach schmutzigem Gewinn. Alles hat seine Zeit. Es ist töricht, betrunkenen Menschen etwas vorzupredigen – das ist, als würde man Perlen vor die Schweine werfen; lass sie erst nüchtern werden, und dann rede nüchterne Worte mit ihnen. Wenn du ihnen eine Vorlesung hältst, solange sie betrunken sind, so handelst du so, als ob du selbst betrunken wärest.

Setze keine Katze auf einen Kutscherbock oder vertraue Menschen nicht Posten an, für die sie nicht die Voraussetzungen mitbringen. Man kann aus Pflaumen keine Äpfel machen; kleine Gemüter werden immer klein bleiben, auch wenn sie Küster oder Kirchenvorsteher geworden sind. An vielen Predigern ist ein guter Schneider verloren gegangen, oder es sind vortreffliche Schuster, die ihren Beruf verfehlt haben. Wenn Gott eine Kreatur zum Fliegen bestimmt, so gibt er ihr Flügel, und wenn er Menschen zu Predigern bestimmt, so schenkt er ihnen Gaben dazu. Es ist schlimm, einen Menschen in den Krieg hinauszustoßen, der nicht kämpfen kann. Es ist besser, einen Menschen vom Klettern abzubringen, als ihm dazu behilflich zu sein, dass er sich den Hals bricht. Seidene Geldbeutel werden nicht aus Schweinsohren gemacht; Schweine lernen nie gut auf der Flöte spielen; man kann sie lehren, so lange man will.

Häuser aus Sägespänen zu bauen, ist eine sehr vernünftige Idee im Vergleich zu dem, was sich einige meiner Londoner Freunde in den Kopf gesetzt haben: Sie wollen durch Spekulieren an der Börse reich werden – sie könnten ebenso gut den Wind in einem Netz fangen oder Wasser in einem Sieb tragen. Seifenblasen sind ein hübscher Spaß für Kinder, aber Finanzblasen sind gefährliche Werkzeuge, mit denen niemand spielen sollte. Wenn ich ein Bein loswerden wollte, so würde ich es mir nicht gerade von einem Haifisch abbeißen lassen. Gib dein Geld lieber den Narren, als es dir von Betrügern abschwatzen zu lassen.

Es ist niemals der Mühe wert, unnütze Dinge zu tun. Beschmiere nie eine Sau mit Fett und lobe nie einen stolzen Menschen. Mache keine Kleider für Fische und keine Decken für Altäre. Male nicht die Lilien an und verziere nicht das Evangelium. Verbinde niemandem den Kopf, ehe er verletzt ist, und tröste kein Gewissen, das kein Sündenbekenntnis ablegt. Halte nie ein Licht hoch, damit man die Sonne sehen kann, und versuche nicht, etwas zu beweisen, was niemand bezweifelt. Ich rate niemandem, etwas zu versuchen, was mehr kostet, als es wert ist. Man mag einen Misthaufen mit Lavendelwasser parfümieren, und ein gottloser Mensch mag sich durch einen äußeren Schein von Religiosität für fromm ausgeben, auf die Länge wird sich das aber als ein schlechtes Geschäft erweisen.

Schon lange hat mich die Erfahrung gelehrt, mit niemandem über Geschmacksfragen oder bloße Marotten zu diskutieren. Man könnte ebenso gut über die Gestalten, die man im Feuer zu sehen meint, streiten. Es ist nutzlos, die Luft zu pflügen oder jemanden gegen seinen Willen von Dingen, die unwichtig sind, überzeugen zu wollen. Es ist nutzlos, einen Streit damit zu beenden, dass man in Zorn gerät; das ist etwa so, als wenn man Feuer dadurch auslöschen wollte, dass man Öl darauf gießt, oder wenn man die Kohlenglut mit dem Blasebalg anfacht, um sie auszulöschen. Einige Leute streiten sich gern – ich beneide sie nicht um ihren Geschmack. Ich würde lieber fünfzehn Kilometer zu Fuß gehen, um einem Streit aus dem Weg zu gehen, als ein paar Hundert Meter, um in einen hineinzugeraten. Man hat mir oft gesagt, dass man den Stier bei den Hörnern packen müsse. Doch denke ich, dass dies kein nützliches Vergnügen ist; daher überlasse ich es denen, die Stöße mit dem Horn wie Trophäen sammeln. Salomo sagt: »Lass den Streit, ehe er heftig wird« (Spr 17,14). Wenn du einen wütenden Hund siehst, so lass dich nicht mit ihm ein, wenn du deiner Sache nicht ganz gewiss bist; geh ihm lieber aus dem Weg, und wenn dich irgendjemand deswegen einen Feigling nennt, so brauchst du ihn nicht dafür einen Narren zu nennen – dass weiß ja doch jeder. Sich in Streitigkeiten einmischen – dabei kommt niemals etwas heraus. Lass die Nester der Hornisse in Ruhe und reiße nicht alte Häuser über deinem eigenen Kopf ab. Leute, die sich in alles einmischen, lassen sich sicherlich auch etwas zuschulden kommen. Wer die Schweine anderer Leute wäscht, wird bald selbst gewaschen werden müssen. Der Gipfel der Torheit ist es, in einen Streit zwischen Mann und Frau eingreifen zu wollen, denn sie werden sicherlich damit gleich aufhören und ihre vereinte Kraft gegen dich wenden – und es wird dir dann recht geschehen. Denn wenn du die Suppe auslöffelst, die sich andere Leute eingebrockt haben, und sie verbrennt dir den Mund, wer ist dann zu tadeln, wenn nicht allein du selbst?

Schulden

Als ich noch ein sehr kleiner Schuljunge war, brauchte ich einmal einen Griffel für die Schiefertafel und hatte kein Geld, um mir einen zu kaufen. Ich fürchtete, Schelte dafür zu bekommen, dass ich meine Griffel so oft verlöre, denn ich war ein recht nachlässiger kleiner Bursche, und ich wagte es daher nicht, zu Hause darum zu bitten. Was sollte ich nun anfangen? Es gab im Ort einen kleinen Laden, in dem eine alte Frau Nüsse, Kreisel, Kuchen und Bälle verkaufte, und ich hatte gesehen, dass bisweilen Knaben und Mädchen bei dieser Frau etwas anschreiben ließen. Ich überlegte mir nun, dass doch Weihnachten vor der Tür stände und dass mir dann gewiss irgendjemand ein paar Pfennige oder gar eine Silbermünze schenken werde. Ich könnte daher den Griffel leihweise mitnehmen und meine Schulden gewiss zu Weihnachten bezahlen. Ganz wohl war mir nicht dabei, doch ich nahm meinen ganzen Mut zusammen und trat in den Laden. Der Preis war ein Pfennig. Da ich noch nie etwas geborgt hatte, so wurde mir der Griffel von der freundlichen alten Dame ausgehändigt, und *ich hatte Schulden*. Das gefiel mir nicht besonders, und mir war so, als hätte ich etwas Unrechtes getan. Aber ich wusste nicht, wie bald ich dafür büßen sollte.

Wie mein Vater von diesem kleinen Geschäft zu hören bekam, habe ich nie erfahren, aber der eine oder andere kleine Vogel muss es ihm wohl zugepfiffen haben. Er war sehr ungehalten. Gott lohne es ihm! Denn er war ein verständiger Mann und verzog seine Kinder nicht. Er hielt mir eine sehr kräftige Vorlesung über das Schuldenmachen, wie ähnlich es dem Stehlen sei, und darüber, wie sich die Menschen dadurch ins Verderben stürzten und Schande über eine ganze Familie bringen könnten. Es war eine gewaltige Predigt. Mir ist, als hörte ich sie noch, die Ohren klingen mir, sooft ich daran denke. Dann wurde ich wie ein Deserteur, der in die Kaserne zurückgebracht wird, auf dem Weg in den Laden eskortiert, wobei ich fortwährend bitterlich weinte und mich schrecklich schämte, weil ich dachte, jedermann wisse, dass ich Schulden gemacht habe. Unter vielen ernsten Ermahnungen wurde der Pfennig bezahlt, und dann wurde der arme Schuldner freigelassen wie ein Vogel aus seinem Käfig. Wie herrlich war das Gefühl, nun keine Schulden mehr zu haben! Wie ernstlich gelobte und versprach es mein kleines Herz, dass mich nichts je wieder zum Schuldenmachen verleiten solle! Es war eine gute Lektion, und ich habe sie nicht vergessen. Gott segne meinen Vater dafür und lasse viele solcher Väter in unserem Land sein, damit es nicht an Schurkerei zugrunde gehe, sonst wird unser Volk mit all den Geschäften und raffinierten

Dann wurde ich wie ein Deserteur, der in die Kaserne zurückgebracht wird, auf dem Weg in den Laden eskortiert.

Praktiken und all dem Papiergeld bald so wurmstichig sein wie Zunderholz!

Von jenem Tag an habe ich Schuldenmachen gehasst. Wundert euch also nicht, wenn ich einige grimmige Ausdrücke darüber gebrauche. Von dem Augenblick an, als ich einen eigenen Haushalt begonnen habe, ist es stets meine größte Sorge gewesen, Schulden, Schmutz und den Teufel von meinem Heim fernzuhalten. Und wenn auch der Letztgenannte zuweilen heimlich zur Tür oder zum Fenster hereingekommen ist – denn die alte Schlange windet sich auch durch das kleinste Loch herein –, so haben doch die anderen zwei – mithilfe einer guten Frau, harter Arbeit, der Ehrlichkeit und einiger Schrubber – meine Schwelle nicht überschritten. Schulden sind etwas sehr Demütigendes: Wenn ich nämlich jemandem einen Groschen schuldig wäre, würde ich lieber dreißig Kilometer mitten im Winter zu Fuß gehen, um ihm den zu bezahlen, als das Gefühl zu haben, dass ich eine Verpflichtung ihm gegenüber hätte. Wenn ich beim Kaufmann und beim Bäcker und beim Schneider in der Kreide wäre, so würde ich mich gerade so behaglich fühlen, als wenn ich Erbsen in den Schuhen oder einen Igel im Bett hätte. Armut ist schwer, aber Schulden sind schrecklich. Wir können arm und doch achtbar sein, was der Pflüger Hans und seine Frau, wie sie hoffen, auch sind und stets sein werden. Aber ein Mensch, der Schulden hat, kann sich selbst nicht einmal achten und wird gewiss bei seinen Nachbarn ins Gerede kommen, und dieses Gerede wird schwerlich seinen Ruf erhöhen. Einige Leute mögen, so scheint es fast, gern etwas schuldig sein; ich aber würde ebenso gern eine Katze im Schornstein sein, wenn das Feuer brennt, oder ein Fuchs, dem die Hunde auf den Fersen sind, oder eine Maus, die sich in den Krallen einer Eule befindet. Ein ehrlicher Mensch hält eine Geldbörse, die voll ist vom Geld anderer Leute, für schlimmer als eine leere. Es ist ihm unerträglich, anderer Leute Käse zu essen, anderer Leute Hemden zu tragen, in anderer Leute Schuhe einherzugehen. Und er wird auch nicht ruhig sein können, solange seine Frau in dem Hut der Putzmacherin prangt und die Stoffe des Manufakturwarenhändlers trägt. Eine Krähe, die sich mit den Federn des Pfaus geschmückt hatte, wurde bald ausgeplündert. Wer borgt, gerät gewiss in Armut – und zwar in eine Armut der bittersten Art, weil Schande mit ihr verbunden ist.

Viele meiner Nachbarn haben ihren Untergang der Sitte zu verdanken, dass man größeren Aufwand treibt, als einem die eigenen Mittel gestatten. Sie können sich kaum ein Kaninchen halten und müssen doch Kutsche und Pferde haben. Ich fürchte, dieser Luxus ist die allgemeine Krankheit unserer Zeit, mit der auch viele, die sich Christen nennen, zu ihrer Schande und ihrem Schaden angesteckt worden sind. Gute wollene und baumwollene Kleider sind heutzutage nicht mehr gut genug; die Mädchen müssen in Samt und Seide einhergehen, und dann gibt's eine Rechnung bei der Schneiderin, so lang und so unangenehm wie eine Winternacht. Bei solch einem Hang, modisch, elegant und auffällig gekleidet zu sein, ist das Geld schnell ausgegeben; die Familie bleibt arm, und der Vater muss sich ewig abrackern. Wenn Frösche sich aufblasen wie Ochsen, dann platzen sie. Mit fünf Talern pro Woche und dann mit über 2500 pro Jahr wie die feinen Herren leben – wer so lebt, hat es bald mit dem Staatsanwalt zu tun. Diese Menschen zünden dic Kerze an beiden Enden an, und dann sagen sie, sie haben Unglück gehabt – warum nennen sie das Kind nicht beim rechten Namen und sagen, dass sie Verschwender sind? Es ist nicht so schwer, Geld zu verdienen, wie es gut auszugeben. Hunderte würden nie erfahren haben, *was Not ist*, wenn sie es nicht so gut verstanden hätten, *wie man Geld durchbringt*. Wenn alle unsere armen Frauen doch nur zu kochen verständen, wie weit würde dann das kleine Einkommen ihrer Männer reichen! Man sagt, dass uns die französischen und die deutschen Frauen in der Kunst, gut und billig zu kochen, weit übertreffen. Ich wünschte, sie schickten einige Köchinnen herüber, um unsere Frauen zu guten Hausfrauen zu bekehren; das ist eine französische Mode, die bedeutend mehr Nutzen bringen würde, als jene schönen Bilder an Frau Trödels Fenster, auf denen Damen jeden Monat ihr »elegantes Äußeres« aufs Neue präsentieren. Sind doch einige Leute heutzutage viel zu fein geworden, um das zu essen, wofür ihre Väter Gott gedankt hätten, wenn es auf ihren Tisch gekommen wäre. Und so kitzeln sie ihren Gaumen mit kostspieligen Genüssen, kommen ins Armenhaus, und dann soll jedermann sie noch bedauern! Über Brot und Butter haben sie die Nasen gerümpft, und nun müssen sie mit rohen Rüben, die sie auf dem Feld gestohlen haben, vorliebnehmen. Ein jeder sollte sich nach seiner Decke strecken. Wer ein Einkommen von acht Groschen hat und daraufhin acht Taler[3] ausgibt, die ihm nicht gehören, der ist sowohl ein Narr als auch ein Schurke. Seinen Rock nach seinem Tuch zuzuschneiden, das ist ein vernünftiger Rat. Aber das Tuch anderer Leute durch Schuldenmachen zuzuschneiden, ist Diebstahl. Wenn ich betrügen wollte, so würde ich lieber ein Winkeladvokat werden oder ein Pfandleihhaus eröffnen oder Taschendieb werden; aber die schmutzige Kunst, Schulden zu machen, ohne eine Aussicht, sie jemals bezahlen zu können, die würde ich meiner für unwürdig halten.

Schuldner können schwerlich umhin, auch Lügner zu werden, denn sie versprechen, zu einer Zeit zu bezahlen, von der sie vorher wissen, dass sie dann nicht

3 A. d. H.: Ein Taler entsprach ganz grob gerechnet 30 Groschen.

dazu imstande sein werden; und wenn sie dann eine lange Reihe von Entschuldigungen vorgebracht haben, so versprechen sie es aufs Neue, und bald gehen ihnen die Lügen so schnell von den Lippen, wie ein Pferd traben kann.

Wenn nun aber Borgen zum Lügen führt, wer kann dann noch bestreiten, dass es eine überaus böse Sache ist? Natürlich gibt es hier auch Ausnahmen, und ich bin nicht gewillt, harte Worte gegen einen ehrlichen Menschen zu reden, der durch Krankheit oder Unglücksfälle heruntergekommen ist. Wenn es aber nach der allgemeinen Regel geht, so wird man feststellen, dass Schulden ein großer, schauderhafter Morast, ein ungeheures Schmutzloch und ein tiefer Graben sind. Glücklich ist der Mensch, der wieder herauskommt, nachdem er einmal hineingestürzt ist, dreimal glücklich aber ist derjenige, der durch Gottes Güte ganz vor diesem Sumpf bewahrt geblieben ist. Wenn man den Teufel einmal zum Mittagessen eingeladen hat, so wird man ihn gewiss nur mit Mühe wieder aus dem Haus hinausschaffen; besser ist es, man lässt sich gar nicht mit ihm ein. Wo eine Henne einmal ein Ei hingelegt hat, da legt sie höchstwahrscheinlich bald wieder eines hin. Wenn ein Mensch einmal Schulden gemacht hat, so tut er es höchstwahrscheinlich auch zum zweiten Mal. Besser ist es, sich gleich von Anfang an davon fernzuhalten. Wer erst einen Groschen schuldig ist, wird auch bald einen

Taler schuldig sein, und wer erst über die Knöchel im Dreck steckt, der steckt auch leicht bis über die Knie darin. Sei nie einen Pfennig schuldig, und du wirst nie zehn Taler schuldig sein.

Wer sich eines recht ungestörten Schlafes erfreuen will, der kaufe sich das Bett eines Menschen, der Schulden hat; denn es muss sehr weich sein, sonst hätte der Betreffende nicht so sanft darauf ruhen können. Ich glaube, solche Menschen werden nach und nach so unempfindlich wie jener Esel, auf dessen Rücken sein Herr so viele Stöcke zerschlagen hatte. Ich glaube, ein wahrhaft ehrlicher Mensch wird lieber so mager wie ein Windhund sein, eher er sich mit geborgtem Geld mästet. Unbezahlte Rechnungen müssen wie Stecknadeln in die Seele stechen. Ein auf Kredit genommenes Schwein grunzt unaufhörlich. Schuldenfrei, sorgenfrei! Aber Leihen und Borgen sind Hecken voll spitzer Dornen. Wenn ich mir von meinem Nachbarn bloß einmal einen Spaten geborgt habe, so fühle ich mich nie sicher damit und denke immer, er werde zerbrechen; ich kann nicht so ruhig damit graben wie mit meinem eigenen. Die Bibel sagt: »Seid niemand irgendetwas schuldig« (Röm 13,8), was nicht heißt: Zahlt eure Schulden!, sondern: Vermeidet es, überhaupt erst in Schulden zu geraten! Die Gesetze, die unser Kreditwesen regeln, leisten den damit verbundenen Missständen einen höchst bedauerlichen

Vorschub. Niemand muss heutzutage ein Dieb sein; er braucht jetzt nur einfach ein Geschäft zu eröffnen und dann Konkurs zu machen, da hat er einen viel besseren Profit, sodass schon das Sprichwort umgeht: »Wer nie Bankrott macht, wird auch nie reich.« Kenne ich doch Kaufleute, die fünf- oder sechsmal Bankrott gemacht haben und doch im Blick auf ihre Seligkeit vollkommen beruhigt sind. Diese Gauner! Was wollen sie denn im Himmel anfangen, wenn sie da wären? Es ist viel wahrscheinlicher, dass sie dahin kommen werden, von wo sie nicht herauskommen werden, bis sie auch die letzte Münze bezahlt haben. Aber die Leute sagen: »Sie sind doch aber so freigebig!« Ja, allerdings mit dem Geld anderer Leute. Es ist widerlich, einen Menschen zu sehen, der eine Gans stiehlt und die Innereien dem Herrn gibt. Frömmigkeit? – gewiss! Aber seine Zeche zu bezahlen, ist auch ein wesentliches Stück davon. Erst Ehrlichkeit, dann Freigebigkeit. Wie oft aber muss die Frömmigkeit zum Deckmantel des Betruges dienen! Der vornehme Herr Taugenichts fährt in eleganter Kutsche zur Börse, und sein Name prangt an der Spitze wohltätiger Unternehmungen, während seine armen Gläubiger so wenig von ihm bekommen, dass sie kaum von der Hand in den Mund leben können. Es ist schändlich und unerträglich zu sehen, wie solch vornehme Schwindelei in unserem Land von vielen geflissentlich übersehen wird. Wenn es nach mir ginge, so würde ich ihnen die weiße Weste ausziehen und ihnen stattdessen für sechs Monate die Gefängniskleidung geben; mögen sie meinetwegen noch so »feine Herren« sein, ich wollte ihnen schon zeigen, dass große Diebe in die Tretmühle kommen wie kleine. Wäre ich Landtagsabgeordneter oder Ministerpräsident, so würde ich es bald dahin bringen, dass es dieser vornehme Betrügerstand in unserem Land nicht aushalten könnte, weil ihm der Boden unter den Füßen zu heiß wird; da ich aber keine solche Macht besitze, so kann ich wenigstens gegen diese Gauner schreiben und den Dampf meines Zorns auf diesem Weg ablassen.

Mein Wahlspruch ist: »Gleich bezahlen und sich vor kleinen Schulden hüten.« Kleine Rechnungen lassen sich leicht begleichen. »Trag ab doch deiner Schulden Last, / so weißt du stets, wie viel du hast.« Hole Wasser an der Pumpe, aber lebe nicht auf Pump. Besser ohne Abendbrot zu Bett zu gehen, als mit Schulden aufzustehen. Sünden und Schulden haben wir immer mehr, als wir meinen. Hier ein wenig und da ein wenig, und bald steckt man bis über die Ohren darin. Die kleinen Ausgaben sind es, welche die Geldbörse leer machen. Das Geldstück ist rund und rollt leicht davon. Hans Unverstand kauft, was er nicht braucht, weil er ein gutes Geschäft dabei machen kann, und muss infolgedessen bald das verkaufen, was er benötigt, und erfährt, dass er ein sehr schlechtes Geschäft dabei macht. Er kann nicht

»Nein« sagen zu seinem Freund, der ihn bittet, Bürgschaft zu leisten. Er gibt großartige Diners, hält viele Feiertage, isst vornehm, ermöglicht seiner Frau, sich prächtig zu kleiden, sieht nie nach den Dienstboten und gerät mit der Zeit ins Erstaunen darüber, dass die Tage, an denen die Zahlung fällig wird, so schnell herankommen und dass die Gläubiger so laut bellen. Er hat sein Geld auf dem Feld der Gedankenlosigkeit ausgesät und wundert sich nun, dass er die Ernte der Armut einbringen muss. Dennoch hofft er immer noch, durch einen glücklichen Zufall aus seiner schwierigen Lage herauszukommen, und arbeitet sich noch tiefer hinein, statt an das Sprichwort zu denken: »Hoffen und Harren macht manchen zum Narren« – wenigstens, was diese Welt betrifft. In dieser Not geht er mit leeren Taschen zum Markt und kauft zu jedem Preis, der von ihm verlangt wird, bezahlt also mehr als das Doppelte und gerät immer tiefer in den Sumpf hinein. Jetzt fängt er an, zu spekulieren und kleine Kniffe und Kunstgriffe zu gebrauchen, denn ein leerer Sack kann nicht leicht aufrecht stehen. Dabei kommt aber gewiss nichts Gutes heraus, denn solche listigen Tricks sind wie Spinngewebe, die nichts Besseres als Fliegen fangen und bald weggefegt werden. Ebenso wenig, wie man seine Schuhe mit Papier ausbessern oder ein zerbrochenes Fenster mit Eis zustopfen kann, kann man ein zusammenbrechendes Geschäft mit allerlei Manövern und Spekulationen aufrechterhalten.

Man sagt, Armut gebe dem Menschen zu seinen fünf Sinnen einen sechsten Sinn hinzu, und das wäre auch sehr nötig, denn viele Schuldner scheinen die anderen fünf Sinne ebenfalls verloren zu haben, denn sie scheinen sich einzubilden, dass man mit Borgen nicht nur Schulden macht, sondern sie auch abzahlt. Solche Leute bezahlen Peter mit dem, was sie von Paul geborgt haben, und meinen, so aus der Klemme herauszukommen, während sie damit nur einen Fuß in den Dreck hineinsetzen, um den anderen herauszuziehen. Eier rasieren ist schwer, aber leicht im Vergleich zu der Aufgabe, mit leeren Taschen Schulden zu bezahlen. Wer sich Geld bei der Bank leiht, muss wissen: Auch die Gans wird von ihr gerupft, solange sie Federn hat. Man muss seine Ausgaben kürzen und seine Einnahmen sparen, wenn man schuldenfrei werden will. Man kann nicht zu gleicher Zeit sein Geld ausgeben und auch seine Schulden damit bezahlen. Ich glaube nicht, dass sich Schulden anders als mit barem Geld tilgen lassen. Versprechungen machen Schulden, und Schulden machen Versprechungen, aber Versprechungen können keine Schulden bezahlen. Versprechen ist das eine, tun ist etwas ganz anderes. Das Wort eines gottesfürchtigen Mannes sollte so zuverlässig sein wie ein Eid, und er sollte nie versprechen zu bezahlen, wenn er nicht die bestimmte Aussicht hat, dass er zu gegebener Zeit auch bezahlen kann. Wer die Bezahlung mit Versprechungen auf die lange Bank schiebt, kann kein Erbarmen erwarten.

Nun fürchte ich freilich, dass ich alle diese gesunden Ratschläge ebenso gut dem Hahn und der Henne auf dem Hof hätte vorpredigen können wie denen, die sich daran gewöhnt haben, das auszugeben, was nicht ihr Eigen ist. Denn bei solchen Leuten gehen gute Ratschläge zum einen Ohr hinein und zum anderen wieder hinaus. Nun gut, wer nicht hören will, muss fühlen, und wer billigen Rat verachtet, wird sich teure Reue kaufen müssen. Jungen Leuten jedoch, die eben ins Leben eintreten, kann ein gutes Wort Gold wert sein, und so erlaubt sich denn der Pflüger Hans, ihnen eine kurze Predigt über diesen Text zu halten, die folgende drei Teile hat: Treibe stets etwas weniger Aufwand, als es dir deine Mittel erlauben! Mache nie Schulden! Und präge dir den kurzen Reim ein: »Borgen macht Sorgen!«

Mein Zuhause

Das Wort *Zuhause* klingt mir immer wie Poesie, wie Glockengeläut am Hochzeitstag – nur dass es noch sanfter und angenehmer tönt und mir noch tiefer zu Herzen geht. Ist das Zuhause eine Hütte mit Strohdach oder ein Herrenhaus – das macht nichts aus. Das Zuhause ist immer das Zuhause, mag es auch noch so einfach sein. Und kein Ort auf Erden lässt sich damit vergleichen. Jeder Vogel hat sein Nest lieb. Die Eule hält die alte Ruine für den schönsten Ort auf Erden, und der Fuchs ist der Ansicht, dass sein Bau im Hügel ein sehr behaglicher Platz sei. Wenn der Schimmel meines Herrn weiß, dass es nach Hause geht, so bedarf es der Peitsche nicht mehr, er fällt von alleine in Trab. Und ich bin ganz der gleichen Meinung, denn der Weg nach Hause ist stets die beste Straße im ganzen Land. Mir ist der Rauch aus meinem eigenen Schornstein immer lieber als das Feuer auf dem Herd anderer Leute. Es ist immer besonders schön anzusehen, wenn er sich so unter den Bäumen kräuselt und langsam nach oben steigt. Kalte Kartoffeln schmecken mir an meinem eigenen Tisch besser als Braten an der Tafel eines Nachbarn, und kein Rosenstrauch duftet so schön wie der vor meiner eigenen Tür. Wird man eingeladen, so wird man oft sehr freundlich bewirtet, aber das Zuhause ist es nicht. »Fühlen Sie sich wie zu Hause«, so spricht man dann, weil jeder weiß, zu Hause sein bedeutet, sich wohlzufühlen.

Osten, Westen –
daheim am besten.

So sagt man. Und mit Recht, denn zu Hause ist man eben zu Hause, und was braucht man mehr? Niemand nimmt es einem da übel, wenn man einen guten Appetit hat, und des Nachts braucht man sich nicht zu fürchten, in ein feuchtes Bett gesteckt zu werden. Sicher wie in einem Schloss, wie ein König in seinem Palast fühlt der Mensch sich da und braucht nicht zu fürchten, dass man ihn deswegen für stolz hält. Jeder Hahn kräht auf seinem Misthaufen, und ein Hund ist ein Löwe, wenn er auf seinem eigenen Hof ist. Zu Hause braucht man nicht jedes Wort abzuwägen, weil ein feindseliger Mensch aufpasst; hier braucht man das Herz nicht unter Schloss und Riegel zu halten; sondern man atmet, sobald die Tür geschlossen ist, Freiheitsluft, und niemand späht und spioniert umher. Ich weiß, es gibt manche herrlichen Aussichtsplätze in unserem Land, die nicht zu verachten sind. Ich kenne aber etwas, was alle berühmten Sehenswürdigkeiten an wahrer Schönheit weit übertrifft, und das ist ein Blick hinein in die Hütte des Pflügers Hans, wenn der Kessel auf dem Herd kocht und dabei einen lieblichen Pfeifton von sich gibt, während die Katze vor dem Herd liegt und schläft, die Frau die Strümpfe stopft und die Kleinen wie junge Lämmer im Zimmer umhertollen. Merkwürdig, dass unsere Kinder die hübschesten Kinder sind, die es gibt. Sie wiegen immer ein wenig mehr als andere Kinder ihres Alters, und doch wird man nie müde, wenn man sie umherträgt und mit ihnen spielt. Ich weiß ganz genau, meine Frau würde es nicht die Hälfte der Zeit aushalten, wenn sie auf die Kinder des Nachbarn zu achten hätte; aber ihre eigenen Kinder scheinen sie gar nicht müde zu machen – was, wie ich glaube, schon daher kommt, dass sie im elterlichen Haus geboren sind. Aber so ist es mit allem anderen auch: Unsere Straße ist im weiten Umkreis die schönste, und unser Garten ist ein wahres Paradies – aus keinem anderen Grund als dem sehr guten, dass er eben zu unserem Haus gehört.

Ich kann nicht begreifen, warum so viele Leute ihre Abende im Wirtshaus zubringen, während ihnen doch ihr eigener Herd einen viel besseren und dazu noch viel billigeren Aufenthalt bietet. Aber da sitzen sie stundenlang vor dem Glas und reden Unsinn und vergessen dabei total ihre Lieben zu Hause, die halb tot sind vor Müdigkeit und Sehnsucht nach ihnen! Ihr Geld füllt dem Gastwirt den Beutel, während es doch der Frau und den Kindern zugutekommen sollte. Was aber das Bier betrifft, das sie dafür bekommen, so ist das reine Narrenmilch, in der sie ihren gesunden Verstand ertränken. Die vielen Wirtshäuser sind der Fluch unseres Landes. Sie sind zu nichts gut, und das Böse, das sie anrichten, kann kein Mund aussprechen. Ich wünschte: Wer ihnen eine gesetzliche Lizenz gegeben hat, müsste verpflichtet sein, all die Familien zu erhalten, die sie zugrunde gerichtet haben. Die Wirtshäuser sind Feinde des häuslichen Lebens. Arme Leute brauchen solche Orte nicht, und die Reichen erst recht nicht. Alles, was das eigene Haus zerstört, ist ein Fluch.

Der Mann sollte danach streben, sein Haus zu einer glücklichen und heiligen Stätte zu machen. Das ist ein schlechter Vogel, der sein eigenes Netz beschmutzt, und ein schlechter Mann, der sein eigenes Haus unglücklich macht. Unser Haus sollte eine Kapelle sein, über deren Tür geschrieben steht: »Heilig dem Herrn«. Es sollte aber kein Gefängnis sein, in dem es zwar viele Gesetze und Regeln, jedoch wenig Liebe und kein Vergnügen gibt. Das Eheleben ist zwar nicht lauter Zucker, doch werden die meisten Widrigkeiten verschwinden, wenn das Herz unter dem Einfluss der Gnade steht. Gottseligkeit und Liebe können einen Menschen dahin bringen, dass er wie ein Vogel in der Hecke auch unter Stacheln und Dornen singt und dabei noch andere zum Singen ermuntert. Ein Mann sollte seine Freude darin finden, seiner Frau Freude zu machen, und die Sorge der Frau sollte es sein, für ihren Mann zu sorgen. Wenn

Mann und Frau zueinander freundlich sind, sind sie gegenüber sich selbst freundlich.

Ich fürchte, einige Leute machen das eigene Ich zum Maßstab ihres Verhaltens; ist das der Fall, so wird das häusliche Glück zu einer leeren Einbildung. Wenn Mann und Frau an einem Strang ziehen, wie leicht wird ihnen dann ihre Last! Zwei Eheleute sind ein Paar, aber wenn sie keine rechte Jochgemeinschaft bilden, ist das sehr schade. In einem rechten Zuhause ist man nur darauf bedacht, wer am meisten zum Glück der Familie beitragen kann. Das Haus sollte ein Bethel, aber kein Babel sein. Der Mann sollte der Grundstein des Hauses sein, der alles trägt, aber kein Mühlstein, der alles zerdrückt. Harte und herrschsüchtige Ehemänner sollten sich wenigstens nicht Christen nennen, denn sie handeln im direkten Gegensatz zum Gesetz Christi.

Doch muss ein Haus auch in guter Ordnung gehalten werden, sonst wird es ein Tollhaus und ein Ärgernis für die ganze Gegend. Wenn der Vater die Zügel aus der Hand gibt, wird der Familienwagen bald im Graben liegen. Eine weise Verbindung von Liebe und Festigkeit wird am besten wirken, aber weder Härte noch Milde allein werden das Haus in guter Ordnung erhalten. Ein Haus, in dem die Kinder nicht gehorsam sind, ist kein Zuhause. Glücklich, wer bei seinen Kindern glücklich ist, und glücklich sind die Kinder, die bei ihrem Vater glücklich sind. Nicht alle Väter besitzen Weisheit. Einige gleichen dem Eli und verziehen ihre Kinder. Wer seinen Kindern alles durchgehen lässt, wird ihnen und sich selbst viel Kummer bereiten. Davon können wir schon in den Sprüchen Salomos lesen. Gibt es in unserer Zeit wirklich weisere Leute, als es Salomo war? Einige scheinen diese Ansicht von sich zu haben. Junge Fohlen müssen zugeritten werden, oder es werden wilde Pferde aus ihnen werden. Einige Väter brausen auf und werden wütend und geraten über den geringsten Fehler in Zorn; das ist aber noch schlimmer als der Mangel an Ernst und macht das Haus, das ein kleiner Himmel sein sollte, zu einer kleinen Hölle. Wenn so gut wie kein Wind weht, sitzt der Müller untätig herum, aber zu viel Wind wirft die ganze Mühle um. Menschen, die in Wut losschlagen, verfehlen meistens ihr Ziel. Wenn Gott uns hilft, die Zügel fest in der Hand zu halten, ohne dabei die Mäuler der Pferde zu verletzen, dann geht es gut. Wenn das Haus dem Wort Gottes gemäß regiert wird, so könnten wir Engel einladen, und sie würden sich darin zu Hause fühlen.

Die Frauen sollten erkennen, dass das Haus ihr Ort und ihr Königreich ist, dessen Glück hauptsächlich von ihnen abhängt. Es ist ein böses Weib, das den Mann mit spitzer Zunge aus dem Haus treibt. Neulich sagte ein Mann zu seiner Frau: »Wickle deine Peitsche zusammen«, womit er sagen wollte: »Sei still!« Es ist ein elendes Leben, wenn man immer einer solchen Peitsche ausgesetzt ist. Man sagt, als Gott dem Menschen zehn Maß Rede gab, seien die Frauen mit neun Maß davongelaufen. Ich fürchte, diese Darstellung ist in einigen Fällen nur zu wahr. Eine liederliche und schwatzhafte Frau kann ihren Mann ins Tollhaus bringen, und wenn er dann am Abend ins Wirtshaus geht, so ist sie schuld daran. Es ist ein jammervolles Leben, wenn die Frau, anstatt ihren Gatten zu achten und zu ehren, immer mit ihm zankt und tobt. Es ist ein wahres Glück, wenn solche Frauen heiser werden. Schade, dass sie nicht ebenso viele Blasen auf der Zunge wie Zähne im Mund haben. Gott verschone uns vor allen Frauen, welche Engel auf der Straße, Heilige in der Kirche und Teufel im Hause sind! Ich habe dieses bittere Kraut nie gekostet, aber ich bemitleide diejenigen aus tiefstem Herzensgrund, die diese Kost alle Tage ihres Lebens zu genießen haben.

Zeigt mir einen liebevollen Gatten, eine treue Frau und artige Kinder, und ich bin gewiss, dass ich nirgendwo einen angenehmeren Anblick finden würde, wo auch immer ich ein Jahr lang suchen wollte. Das Zuhause ist die großartigste von allen Einrichtungen. Sprecht mir noch so viel vom Parlament – mein kleines, stilles Haus ist mir lieber. Was alles in der Verfassung des Landes gewährleistet sein mag, kann ich nicht recht sagen; steht aber etwas darin von einem ruhigen Heim für jedermann, dann lasse ich sie dreimal hochleben.

Wenn ich keine Heimat hätte, so würde mir die Welt wie ein großes Gefängnis vorkommen. Viele meiner Freunde sind ausgewandert und haben sich in Amerika oder gar in Australien ein neues Zuhause gegründet. An einem rollenden Stein setzt sich bekanntlich kein Moos an. Möge es ihnen besser ergehen! Solange sie daheim waren, ging es ihnen freilich wie der Henne, die keine Gerste bekommt, wenn sie sitzt und brütet. In diesen schlechten Zeiten wachsen einem Menschen freilich die Flügel. Ich bin aber mit dem Bein an mein Haus gebunden und gedenke, so Gott will, unter meinen Landsleuten zu sterben.

Über die Kunst, sein Geld auszugeben

Geld verdienen ist leicht im Vergleich mit der Kunst, es gut auszugeben. Man wird nicht reich durch Geldeinnehmen, sondern durch Geldsparen. Viele Leute, die Geld haben, haben so wenig Verstand, wie ein Schwein Wolle hat. Auch wenn sie schon über vierzig sind, sind sie noch nicht vernünftig geworden und lassen die Hunderter über das Wasser tanzen, als wären es flache Steine zum Spielen für die Kinder. Was ihre Väter mit der Harke zusammengebracht haben, das werfen sie mit der Schaufel weg. Auf den Geizigen folgt der Verschwender. Von ihm sagt man oft, sein alter Vater sei gegenüber niemandem freundlich gewesen als gegenüber sich selbst, und nun ist der Sohn gegenüber niemandem feindlich als gegenüber sich selbst. Der Unterschied ist eigentlich nur der: Der alte Herr ging zur Hölle auf dem mageren Weg, und sein Sohn will nun auf dem fetten Weg dahin gelangen. Sobald der Verschwender sein Vermögen bekommt, schmilzt es dahin wie Butter in der Sonne. Bei ihm ist immer der 1. April[4]; er kauft auch

---

4 A.d.H.: Im Englischen wird der 1. April als »All Fools' Day«, wörtlich als »Tag aller Narren«, bezeichnet.

einen Elefanten, wenn er ihm angeboten wird, und deckt sein Haus mit Pfannkuchen. Nichts ist ihm zu närrisch, dass er nicht Gefallen daran fände. Sein Geld brennt ihm Löcher in die Taschen, er muss und muss es vergeuden und rühmt sich dabei, dass sein Wahlspruch sei: »Wer's Geld spendet, dem's Gott sendet.« Er schert schon seine Schafe, ehe er sie hat, nimmt sein Einkommen vorweg, greift sein Kapital an und tötet also die Gans, die ihm die goldenen Eier legt, und dann schreit er: »Wer hätte so etwas gedacht?« Er sorgt für hohe Zinsen bei der Firma Raube, Trüge & Schwindelmann, und wenn ihm dann das letzte Geld aus der Tasche gezogen worden ist, schreibt er alle Schuld den Anwälten oder aber den schlechten Zeiten zu. Die Zeiten sind aber noch nie gut gewesen für faule Verschwender, und wenn sie gut für solche wären, so wären sie schlecht für die ganze übrige Welt. Warum die Menschen solche Eile haben, sich an den Bettelstab zu bringen, ist ein Rätsel. Und doch scheint heutzutage, wenn man all das Wetten bei Pferderennen, die Arbeitsscheu und das Spekulieren bedenkt, eine regelrechte Schnellpost nach Notheim eingerichtet worden zu sein. Bargeld muss für einige Leute eine wahre Seltenheit geworden sein, und doch geben sie es aus wie Grafen und Herzöge. Sie sind große Herren ohne Mittel, was ebenso viel ist wie Rosinenpudding ohne Rosinen.

Wenn dann mit solch flottem Leben auch etwas Spielen verbunden wird, so schmilzt das Geld wie ein Schneeball im Ofen. Ein junger Spieler wird gewiss ein alter Bettler, wenn er lange genug lebt. Es gibt mehr Esel als jene, die vier Beine haben. Leider gibt es sie ebenso gut unter den Angehörigen des Arbeiterstands wie unter den feinen Herren. Leute, die kein Vermögen haben als ihre Arbeit und kein anderes Familienwappen als ihr Werkzeug, bringen dennoch ihren kleinen Verdienst im Wirtshaus oder mit Verschwendung durch. Kaum ist ihnen der Lohn ausgezahlt, so geht´s hinüber zum »Grünen Baum« oder in den »Weißen Adler«, um dort ihren Beitrag an Narrengroschen zur Aufrechterhaltung des roten Gesichts und der Korpulenz des Gastwirts zu leisten. Wasser trinken bringt einem Menschen weder Krankheit noch Schulden, noch macht es seine Frau zur Witwe, und doch wissen einige Leute kaum, was es für einen Geschmack hat. Das viele Bier aber, das mancher Arbeiter die Kehle hinuntergießt, ist nicht besser als der braune Tod. Da sitzen diese Schafsköpfe auf der Bierbank und schwemmen das bisschen Verstand, das sie je gehabt haben, vollends weg.

Ich glaube jedoch, dass die Landleute besser mit ihrem Geld zu wirtschaften verstehen als die Städter. Denn obwohl ihre Einnahmen sehr gering sind, sehen ihre Kinder sonntags doch rein und ordentlich aus. Allerdings ist die Miete auf dem Land nicht so hoch wie in der Stadt, und man hat da auch ein Stück Garten. Jedoch verdienen die Leute in den großen Städten auch ihr gutes Geld und haben viele Gelegenheiten, billig einzukaufen, die der arme Landbewohner nicht hat. Doch ist es im Allgemeinen wohl nur auf das gute Wirtschaften zurückzuführen, dass die eine Familie mit drei oder vier Talern die Woche auskommt, und auf schlechtes Wirtschaften, dass eine Familie mit doppelt oder dreimal so viel in der Stadt nicht bestehen kann. Leben doch einige Familien bei sehr geringem Verdienst so lustig wie die Mäuse im Speck und andere mit doppelt so viel fristen ein elendes Dasein wie Ratten in der Falle. Freilich weiß jeder am besten, wo ihn der Schuh drückt, doch ist Sparsamkeit eine sehr wertvolle Sache und sorgt dafür, dass 20 Groschen weiter reichen als ein Taler. Einige schaffen es, auch aus Kieselsteinen Suppe zu bereiten, während andere selbst aus Filet keine Nahrung gewinnen können. Einige gehen auf den Markt mit gerade so viel Verstand, wie Simson in seinen beiden Schultern hatte, aber nicht mehr; sie verstehen es nicht, günstig einzukaufen. Sie wissen nicht, ihr Geld vorteilhaft anzulegen. Käufer sollten hundert Augen haben, aber sie haben nicht einmal ein halbes Auge, und auch das machen sie nicht einmal auf. Ganz zu Recht hat man gesagt: Wenn keine Narren zum Markt kämen, würden schlechte Waren gar nicht verkauft werden. Sie bekommen nie, was ihr Geld wert ist, und das häufig deswegen, weil sie ihr Augenmerk auf billige Gegenstände gerichtet haben und dabei vergessen, dass das Billigste meist das Teuerste ist und dass sie ihr gutes Geld für einen schlechten Artikel hingeben. Wenn es fünf Eier für einen Groschen gibt, so sind vier davon faul. Arme Leute kaufen oft in sehr kleinen Mengen ein und bezahlen doppelt so viel dafür; denn wer groschenweise einkauft, unterhält sein eigenes Haus und das eines anderen dazu. Warum kauft man nicht den Bedarf von zwei oder drei Wochen auf einmal ein und bekommt es dann umso billiger? Vorrat ist kein Unrat. Man spart oft an der falschen Stelle und lässt das Schiff verrotten, weil man nicht für einen Sechser Teer daran verwenden will. Andere sparen bei den kleinen Dingen und vergessen größere Dinge. Sie sind weise mit ihren Groschen und töricht mit den Talern. Sie sparen das Wasser am Hahn und lassen es am Spundloch weglaufen. Einige kaufen Sachen, die sie gar nicht brauchen, nur weil sie diese billig bekommen können; dabei ist, was man nicht braucht, für einen Pfennig noch zu teuer. Schöne Kleider reißen ein großes Loch in das Einkommen armer Leute. Was in aller Welt haben der Pflüger Hans und ihr, die ihr sonst euer tägliches Brot mit schwerer Arbeit verdienen müsst, mit Samt und Seide zu tun? Das wäre so, als wenn sich ein Schmied eine weiße Schürze umbinden wollte. Warum takeln sich so manche Mädchen derart auf? Weshalb wollen sie in den Augen anderer Leute als eine große Dame gelten? Eine Kaulquappe von einem Fisch zu unterscheiden, dazu gehört nicht gerade viel Weisheit; niemand hält einen Mohnkopf für eine Rose. Wenn Mädchen ein paar Groschen übrig haben, so sollen sie sich lieber etwas aus Wolle für den Winter kaufen, als sich von hübsch aussehendem, aber völlig nutzlosem Putz in Versuchung führen zu lassen. Kaufe, was du tragen magst, und wenn es andere Leute nicht mehr passend finden, so können sie *ja* ihre Augen zumachen. Alle Frauen sind gut – entweder zu etwas oder zu nichts, zu welchem von beiden, kann man meistens schon an ihrer Kleidung erkennen.

Ich denke, wir machen alle die Erfahrung, dass das Geld rasend schnell aufgebraucht ist. Doch es soll nun einmal in Umlauf gebracht werden, und es nützt nichts, es anzuhäufen. Es ist schlimm, wenn unser Geld wie ein Diener wird, der uns wegläuft und uns verlässt. Aber es wäre noch schlimmer, wenn es sich bei uns niederließe und unser Herr würde. Wir sollten den Mittelweg ausfindig machen und weder verschwenderisch noch geizig sein. Der gibt sein Geld am besten aus, der die beste Frau hat. Der Mann kann Geld verdienen, aber sparen kann es nur die Frau. »Die Weisheit der Frauen baut ihr Haus, und ihre Narrheit reißt es mit eigenen Händen nieder« (Spr 14,1). Ein Mann hat kein Glück, wenn es ihm seine Frau nicht erlaubt. Eine wirtschaftlich haushaltende Frau ist besser als ein großes Einkommen. Eine gute Frau und Gesundheit sind der größte Reichtum, den ein Mensch haben kann. Die in Ehren gehaltenen Frauen – was sollten wir wohl ohne sie anfangen? Es heißt, dass sie gern ihren eigenen Willen haben wollen, doch sagt das Sprichwort, man muss ihnen schon im Leben ihren Willen lassen, bevor sie in ihrem Testament ihren Letzten Willen kundtun können.

Übrigens ist es heute so heiß, dass ich meine Rede nicht weiter fortsetzen kann. Ich schließe mit dem Lob der tüchtigen Hausfrau: »Eine tüchtige Frau, wer wird sie finden? Denn ihr Wert steht weit über Korallen. Das Herz ihres Mannes vertraut auf sie, und an Ausbeute wird es ihm nicht fehlen … Die Anmut ist Trug, und die Schönheit Eitelkeit; eine Frau, die den HERRN fürchtet, sie wird gepriesen werden« (Spr 31,10-11.30).

Hoffnung

Eier sind Eier, aber einige sind faul; und Hoffnungen sind Hoffnungen, aber einige sind nichtige Träume. Die Hoffnung des leichtblütigen Menschen fährt in einem Nu in die Höhe wie das Schachtelmännchen – wie von einer Feder in Bewegung gesetzt, aber nicht von der Vernunft. Sooft dieser Mensch aus dem Fenster sieht, sieht er bessere Zeiten kommen. Obwohl sie fast nur von seinem Auge und sonst von niemandem wahrgenommen werden, so ist es doch eine viel schönere Gewohnheit, Plumpudding im Mond zu entdecken, als über alles zu quaken wie ein zweibeiniger Frosch. Mit solch einem Kameraden kann man in rabenschwarzer Nacht, wenn es in Strömen regnet, gut unterwegs sein, denn er trägt Lichter in seinen Augen und eine Wärmflasche in seinem Herzen. Nimmt man sich nur davor in Acht, dass man sich nicht von ihm in die Irre führen lässt, so kann man getrost mit ihm Gemeinschaft haben. Sein Fehler ist, dass er seine Küken zählt, ehe sie ausgebrütet sind, und dass er seine Heringe verkauft, ehe er sie im Netz hat. Aus all seinen Spatzeneiern müssen notwendigerweise wenigstens Drosseln, wenn nicht gar Rebhühner und Fasane herauskommen. Der Sommer ist schon da, denn er hat eine Schwalbe gesehen! Er ist sicher, dass er in seinem neuen Laden sein Glück machen wird; denn kaum hatte er die Tür fünf Minuten geöffnet, als zwei seiner Nachbarn hereinstürzten, von denen der eine ein Brot geliehen und der andere einen Taler gewechselt haben wollte. Er ist überzeugt, dass der Gutsherr sein Kunde werden wird, denn er hat gesehen, dass jener den Namen über der Ladentür gelesen hat, als er vorüberritt. Dass das Sprichwort »Zwischen Lippe und Kelches Rand / schwebt der dunklen Mächte Hand«[5] zutrifft, glaubt er nicht, sondern er macht aus jedem Vielleicht ein Gewiss. Nun, du treue Seele, fehlt es dir auch bisweilen ein bisschen an gesundem Menschenverstand, so ist doch viel an dir zu loben, und ich denke gern an eines deiner seltsamen Sprichwörter: »Sprich nie vom *Sterben*, bevor du tot bist, und da es dann nichts nützt, so lass es ganz sein.« Man sieht hieraus, dass es außer dem Pflüger Hans noch andere komische Menschen in der Welt gibt.

Mein Nachbar, Herr Mittellos, wartet darauf, dass seine Tante stirbt. Die alte Frau hat aber ein Leben wie neun Katzen, und ich denke mir, dass sie, wenn sie wirklich stirbt, ihr kleines Vermögen eher einem Krankenhaus für kranke Katzen oder für aufgegriffene Hunde vermachen wird, als es ihrem Neffen zu hinterlassen. Der arme Schlucker! Er ist schon ganz herunter-

5 A.d.H.: Mit diesem Wort ist gemeint, dass immer noch etwas dazwischenkommen kann. Unser deutsches Sprichwort »Man soll den Tag nicht vor dem Abend loben« kommt dem sehr nahe.

gekommen, und daran ist seiner Meinung nach nur der ärgerlich gute Gesundheitszustand der alten Frau schuld. Dennoch hält er seine Hoffnung fest und kommt dabei immer mehr herunter, denn während sein Gras wächst, verhungert sein Pferd. Wer auf den Tod eines anderen wartet, der zieht an einem langen Seil, und wer Vermächtnissen nachjagt, muss eiserne Schuhe tragen. Wer auf die von Toten hinterlassenen Schuhe wartet, wird lange barfuß gehen. Wer auf die Kuh seines Onkels hofft, darf es mit der Butter nicht so eilig haben. Wenn Hans Mittellos nie eine Tante gehabt hätte, würde er vielleicht seine Ärmel hochgekrempelt und tüchtig gearbeitet haben; man hat ihm aber gesagt, dass er ein Glückskind sei, und so hat man einen Einfaltspinsel aus ihm gemacht, der nicht mehr bei der Arbeit nützt als eine Kuh auf der Hasenjagd. Will irgendjemand den Pflüger Hans mit einer Erbschaft bedenken, so wird er ihm dafür sehr dankbar sein. Er bittet aber darum, es ihn lieber nicht vorher wissen zu lassen, sonst zieht er am Ende nicht mehr so gerade Furchen wie vorher. Besser, man vermache ihm zweimal so viel und überrasche ihn dann damit. Im Allgemeinen wäre es aber besser, man hinterließe es dem Predigerseminar oder dem Waisenhaus in Stockwell[6], da in diesen Fällen guter Gebrauch

6 A. d. H.: Von Spurgeon gegründete Betreuungseinrichtung für Waisenkinder.

davon gemacht werden würde. Ich wünschte, man ginge weniger auf die Glücksjagd und pflanzte dafür mehr Apfelbäume. Hoffnungen, die aus Gräbern wachsen, sind tödliche Irrtümer, und wenn sie einen Menschen an der eigenen Anstrengung hindern, so sind sie ein Henkersstrick.

Einige Leute sind am 1. April geboren und hoffen immer ohne Sinn und Verstand. Ein Schiff soll in ihren Hafen einlaufen, sie werden einen Topf mit Gold ausgraben oder irgendeine überraschende Nachricht empfangen. Die törichten Menschen! Sie haben sich etwas in den Kopf gesetzt und träumen am helllichten Tag. Sie können ihren Mund lange offen halten, ehe eine gebratene Taube hineinfliegt. Und doch scheinen sie wirklich zu glauben, dass eines Tages irgendein glücklicher Zufall – wie etwa ein Regen von goldenen Äpfeln – sie aus aller Not erlösen und zu reichen Leuten machen werde. Man kann lange pfeifen, ehe Goldfische einem in die Hand springen. Einem unter einer Million mag vielleicht einmal ein plötzliches Glück in den Schoß fallen, aber Tausende richten sich mit nichtigen Erwartungen selbst zugrunde. Wer erwartet, dass er die Hälfte von dem bekommen wird, was er erwirbt, ein Viertel von dem, was ihm zukommt, und nichts von dem, was er verliehen hat, der hat so ziemlich richtig gerechnet; wer aber denkt, dass ein Schatz vom Mond auf ihn herabfallen wird, der ist der größte

Sie können ihren Mund lange offen halten, ehe eine gebratene Taube hineinfliegt.

Narr auf Erden. Man sollte seine Hoffnungen innerhalb der Schranken der Vernunft und der Verheißungen des guten alten Bibelbuches halten. Die Hoffnung ist wie ein Anker, aber ein Anker muss in einem Grund befestigt sein. Eine Hoffnung ohne Grund ist ein Fass ohne Boden, ein Pferd ohne Kopf, ein Schuh ohne Sohle, ein Messer ohne Klinge. Wer außer Hans Einfältig würde sein Haus beim Dach zu bauen anfangen? Es muss ein Fundament da sein. Hoffnung ist keine Hoffnung, sondern offensichtliche Torheit, wenn ein Mensch auf Unmöglichkeiten hofft, oder Ernten erwartet, ohne gesät zu haben, und wahres Glück, ohne Gutes zu tun. Solche Hoffnungen sind ein Irrlicht, das den Wanderer in den Sumpf lockt. Sei versichert: Luftschlösser zu bauen, ist sehr leicht, nützt aber sehr wenig. Wer mehr in dieser Welt zu erlangen hofft, als er mit seiner Hände Arbeit verdienen kann, hofft, Aprikosen von einem Holzapfelbaum zu pflücken. Wer eine Frau heiratet, die das Geld mit vollen Händen ausgibt und immer nach der neuesten Mode gekleidet sein will, wird keine gute Hausfrau an ihr bekommen. Hofft er dies dennoch, könnte er sich ebenso gut eine Gans kaufen und denken, dass er nun eine Milch gebende Kuh habe. Wer seine Söhne ins Wirtshaus mitnimmt und sie zu nüchternen Menschen zu erziehen meint, setzt seinen Kaffeetopf aufs Feuer und erwartet, dass er so blank aussehen werde wie neues Zinn. Wer mit schlechtem Malz braut und dabei gutes Bier erwartet, oder wer ein böses Beispiel gibt und dabei auf eine gut erzogene Familie rechnet, der hat seine fünf Sinne nicht mehr beisammen. Man mag hoffen und hoffen, bis einem das Herz bricht; wenn man aber seinen Jungen den Schornstein hinaufschickt, so kommt er doch schwarz herunter, man mag hoffen, was man will. Lehre ein Kind zu lügen, und dann hoffe, dass ein ehrlicher Mensch aus ihm werden wird; setze lieber eine Wespe in eine Teertonne und warte darauf, dass sie Honig machen wird.

Was aber die zukünftige Welt betrifft, so ist es jammerschade, dass man nicht ein wenig vorsichtiger davon redet. Wenn ein Trunkenbold stirbt, so sagt sicher der eine oder andere: »Ich hoffe, er ist im Himmel!« Es ist ganz schön, einen solchen Wunsch zu hegen, aber eine solche Hoffnung auszusprechen, ist doch etwas anderes. Manche wenden ihr Gesicht der Hölle zu und hoffen, im Himmel anzukommen. Warum laufen sie nicht in die Pferdeschwemme und hoffen, trocken zu bleiben? Mit der Hoffnung auf den Himmel ist es eine ernste Sache, die am Wort Gottes geprüft werden sollte. Ein Mensch könnte ebenso gut hoffen, Trauben von den Dornen oder Feigen von den Disteln zu sammeln, wie unser Heiland sagt, als eine Ewigkeit voller Glückseligkeit am Ende eines schlechten Lebens zu erwarten. Es gibt nur einen Felsen, auf den man gute Hoffnungen bauen kann, und das ist nicht Petrus, noch sind es die

Sakramente, sondern es ist das Verdienst des Herrn Jesus. Darauf gründet sich der Pflüger Hans und fürchtet sich nicht, denn das ist ein sicheres Fundament und gibt einem eine feste und sichere Hoffnung, die weder Tod noch Leben erschüttern können. Doch ich darf den Predigern nicht ins Handwerk pfuschen. Ich bitte deswegen bloß zum Schluss, noch daran zu denken, dass der falsche Wahn eine Leiter ist, die dem, der hinaufklettert, den Hals bricht. Wer also sein Leben lieb hat, der versuche es ja nicht!

Wie man vorwärtskommen kann

Das große Geheimnis des Vorwärtskommens heißt: tüchtige Arbeit. Trägheit bringt nichts als Lumpen und Armut zustande. Der Schweiß des Angesichts ist der einzige Stoff, aus dem man Gold machen kann. Wer nicht will schwitzen, wird auch nicht besitzen. Wer Vogeleier haben will, muss auf den Baum klettern. Durch aufgekrempelte Hemdsärmel kommt man zu einem feinen Anzug, und wer sich nicht schämt, den Kittel zu tragen, wird bald ohne ihn einhergehen können. »Fleiß ist die Mutter des Glücks«, so sagt der arme Richard, und: »Trägheit ist des Teufels Polster«, so sage ich.

Glaubt mir, vorwärts kommt man nur Schritt für Schritt. Hofft nicht, mit einem Sprung reich zu werden. Langsam und sicher ist besser als schnell und schwankend. Der tägliche Gewinn beharrlicher Arbeit macht einen Menschen viel reicher als dann und wann eine Spekulation, die sich auszahlt. Kleine Fische schmecken lecker. Jeden Tag einen Faden macht im Jahr einen Strang. Ein Stein auf den anderen gelegt, macht ein Haus. Erst sollte man krabbeln, ehe man geht, und laufen, ehe man fährt. Je mehr man eilt, reich zu werden, desto langsamer kommt man dazu. Eile stolpert über ihre eigenen Füße. Schnelle Kletterer fallen schnell.

Ein Geschäft ohne Kapital anzufangen, ist nicht gut. Mit leeren Taschen zu handeln, ist schwer. Man muss ein Nest-Ei haben, denn Hennen legen ihre Eier dahin, wo schon welche sind. Freilich muss man backen mit dem Mehl, das man hat; wenn aber der Sack leer ist, so tut man gut daran, sich nicht für einen Bäcker auszugeben. Ziegel ohne Stroh zu streichen, ist leicht im Vergleich mit Geld verdienen, wenn man kein Geld hat, um mit einem Geschäft zu beginnen. Bleibe noch ein wenig länger Geselle, mein junger Freund, bist du dir einige Taler gespart hast. Fliege, wenn du Federn bekommen hast; versuchst du es aber zu früh, so wirst du dem jungen Raben gleichen, der sich den Hals brach, weil er fliegen wollte, ehe er flügge geworden war. Eine Sprotte möchte gewiss lieber ein Wal sein, aber es ist besser, ein kleiner Fisch zu sein, solange man nur wenig Wasser hat. Wenn dein Teich zum Meer wird, dann blase dich auf, so viel du willst. Handeln ohne Geld heißt Häuser bauen ohne Steine, Feuer anmachen ohne Späne, Kerzen anzünden ohne Docht. Man versucht es dann bald mit diesem oder jenem Kniff und strandet schließlich an einem Riff.

Gib ein kleines Geschäft nicht eher auf, als bis du siehst, dass du mit einem großen mehr verdienen wirst. Auch Krumen sind Brot. Ein schlechter Gaul ist besser als ein leerer Stall. Ein halbes Brot ist besser als gar keines. Mit wenig Möbel in einem kleinen Haus wohnt es sich besser als in einem leeren großen. Wer in diesen schlechten Zeiten einen Stein hat, auf dem er sitzen und sein Brot essen kann, tut gut daran, sich nicht nach etwas anderem umzusehen. Vom Schlechten zum Schlimmeren ist kein besonderer Fortschritt. Eine Brotkruste ist eine harte Nahrung, aber gar keine ist noch härter. Gehe nicht aus dem Regen in die Traufe. Denke daran, viele Leute haben in sehr kleinen Unternehmen sehr großen Verdienst gehabt. Ein kleines Geschäft mit Gewinn ist besser als ein großes mit Verlust. Ein kleines Feuer, an dem man sich wärmt, ist besser als ein großes, an dem man sich versengt. Auch aus einer kleinen Röhre kann man viel Wasser bekommen, wenn der Eimer nur immer dasteht, um es aufzufangen. In kleinen Wäldern kann man große Hasen fangen. Ein Schaf findet auf einer kleinen Wiese mehr als genug Futter, in einer großen Wüste wird es verhungern. Wer zu viel unternimmt, wird in wenigem Fortschritt haben. Man kann einen Sack entzweireißen, wenn man ihn zu voll stopft, und man kann sich ruinieren, wenn man zu habgierig ist. In einem großen Fluss sind zwar viele große Fische; man kann aber auch darin ertrinken.

Nimm so wenig Veränderungen vor wie möglich. Bäume, die oft umgepflanzt werden, tragen wenig Frucht. Wenn man an einem Ort Schwierigkeiten hat, so wird man sie an einem anderen auch haben. Wenn man das Tal verlässt, weil es feucht ist, so wird man auf dem Berg feststellen, dass es kalt ist. Wo gibt es einen Ort für den Esel, an dem er nicht wird arbeiten müssen? Wo kann eine Kuh leben, ohne gemolken zu werden? Wo gibt es ein Land ohne Steine oder wo Fleisch ohne Knochen? Überall auf Erden muss man im Schweiß seines Angesichts sein Brot essen. Wer Mühe und Arbeit entfliehen will, muss Adlerflügel haben. Veränderung ist nicht immer Verbesserung – sagte die Taube, als sie aus dem Netz herauskam und in der Bratpfanne landete. Manchmal ist es recht, eine Veränderung vorzunehmen, und dann heißt es, tüchtig Hand anzulegen, denn eine Henne, die sitzen bleibt, bekommt nichts vom Futter ab. Aber laufe nicht ewig hin und her, denn an einem rollenden Stein bleibt nicht viel Moos hängen. Wer ausharrt, siegt. Wer lange genug warten kann, wird gewinnen. Erst dies und dann das und dann etwas anderes und alles und jedes macht summa summarum nichts. Wer aber auf einem Pferd sitzen bleibt, kommt mit der Zeit auch zum Ziel. An *einem* Ort gedeiht die Saat, in *einem* Nest brütet der Vogel seine Eier aus, in *einem* Ofen backt das Brot, in *einem* Fluss leben die Fische.

Sei dir nicht zu vornehm für dein Geschäft. Wer über seine Arbeit die Nase rümpft, zankt mit seiner eigenen Nahrung. Ein Schmied, der sich vor Funken fürchtet, ist zu bedauern. Unannehmlichkeiten gibt es bei jedem Handwerk, nicht bloß bei dem des Schornsteinfegers. Wenn die Matrosen nicht mehr zur See fahren wollten, weil sie da nass werden könnten; wenn die Bäcker das Backen aufgeben wollten, weil sie dabei Hitze auszuhalten haben; wenn die Bauern wegen der Kälte nicht mehr pflügen wollten und die Schneider uns keine Kleider mehr machen, weil sie sich dabei in den Finger stechen könnten – in was für einen Zustand würden wir da geraten! Nein, mein Lieber, wegen eines ehrlichen Berufes braucht sich niemand zu schämen. Fürchte dich nicht, deine Hände zu beschmutzen; es gibt noch Seife genug in der Welt. Jedes Handwerk ist gut, wenn man es nur gut betreibt. Ein kluger Kopf macht Geld aus Schmutz. Auch an Streichhölzern ist viel zu verdienen, wenn man nur viele verkauft. Man kann keinen Honig bekommen, wenn man sich vor Bienen fürchtet, noch Korn säen, wenn man sich die Stiefel nicht schmutzig machen will. Jene, die durch ihr Äußeres und Auftreten Eindruck schinden wollen, sollten lieber ins Schlaraffenland auswandern, wo man sich seinen Lebensunterhalt dadurch verdienen kann, dass man Lackstiefel trägt und Glacéhandschuhe anzieht. Wenn man erst Eisenstangen im Südwind schmelzen, Felder mit Zahnstochern umgraben, Schiffe mit Fächern vorwärtstreiben, Äcker mit Parfüm düngen und Rosinenkuchen in Blumentöpfen ziehen wird, dann werden diese Herrschaften gute Zeiten haben. Aber jetzt werden wir uns alle noch viel gefallen lassen müssen und besser daran tun, unsere gegenwärtigen Lasten zu tragen, als Hals über Kopf dahin zu laufen, wo wir es noch viel schlimmer finden werden.

In dieser Welt muss man sich nun einmal plagen. Man muss die Ruder gebrauchen, die man eben hat, und da man sich den Wind nicht wählen kann, so muss man mit dem segeln, den Gott schickt. Mit Fleiß und Geduld wird man schließlich doch ans Ziel kommen. Wenn die Katze lange genug am Loch sitzen bleibt, fängt sie die Maus. Der Bauer Immerrüstig erntet guten Kohl und Salat, wo andere nur Disteln finden. Ich als Landwirt weiß es: Man kann ein Feld nur dadurch recht pflügen, dass man immer hin und her, hin und her pflügt; man kann nicht einen halben Hektar auf einmal pflügen. »Wer sich nur redlich müht / und Furche um Furche zieht, / beackert das ganze Gebiet, / während die Faulheit flieht.«

Schlafende Hühner holt der Fuchs. Man muss gut aufpassen, wenn man einen Fang machen will. Narren fragen, wie viel Uhr es ist, weise Männer wissen, was an der Zeit ist. Mahle, wenn der Wind weht; tust du es aber nicht, so klage nicht die Vorsehung an. Gott gibt jedem Vogel sein Futter, aber er wirft es ihm nicht ins Nest. Er gibt uns unser tägliches Brot, aber er schenkt es durch unsere eigene Arbeit. Man muss die Zeit auskaufen und früh aufstehen. »Morgenstund hat Gold im Mund.« Wer als Letzter in der Reihe fährt, bekommt den ganzen Staub ins Gesicht; darum steh früh auf, und du wirst den ganzen Tag im Vorteil sein.

Lass dich nie auf Kunstgriffe und Schliche ein, um Geld zu verdienen. Es bringt keinen Gewinn, Honig von Dornen abzulecken. Ein ehrlicher Mensch wird sich nicht zum Hund machen, um einen Knochen erwischen zu können. Auf das Glatteis des Teufels zu gehen, ist gefährlich; man kann darauf nicht Schlittschuh laufen, und es endet mit einem schweren Fall oder mit Schlimmerem. Wer aus derselben Schüssel mit dem Satan essen will, muss einen langen Löffel haben. Stürze dich nicht ins ewige Verderben, um irdischen Gewinn zu erlangen; das ist, als würde man sich in einem Brunnen ertränken, um einen Schluck Wasser zu bekommen. Lass dich auf nichts ein, was Reue nach sich ziehen kann. Es ist besser, barfuß zu gehen, als auf einem Wagen in die Hölle zu fahren. Wenn die Maus durch Käse gefangen wird, so hat sie wenig gewonnen. Ehrlicher Verdienst oder gar keiner, das merke dir. Denn betrügerisch erlangter Gewinn ist ewiger Verlust.

Gute Ware, volles Gewicht und solide Preise locken Kunden in den Laden. Einen Laden, in dem man hintergangen wird, empfiehlt niemand. Betrüger gedeihen nirgends – es sei denn in London, wo sie genug Gelegenheitskunden fangen, um von ihnen leben zu können. Ein Schwindler mag wohl hin und wieder Glück haben, aber ehrlich währt am längsten. Die Geldbörse eines Gauners ist löchrig. Wer gestohlene Schuhe trägt, wird Schwielen an den Füßen bekommen. An klebrigen Fingern bleiben noch andere Dinge hängen als Silber. Stiehl Aale, und sie werden sich in Schlangen verwandeln. Je öfter der Fuchs stiehlt, desto eher wird er gejagt. Wenn ein Gauner ein gutes Geschäft machen will, so sollte er ehrlich werden. Wenn du auch nichts im Auge hast als deinen Gewinn, so handle dennoch aufrichtig, denn dieses Geschäft lohnt sich am meisten.

Achte vor allem darauf, was du ausgibst. Wie viel auch eingenommen wird, wenn mehr ausgegeben wird, so wirst du immer arm bleiben. Die Kunst ist nicht, das Geld zu verdienen, sondern darauf bedacht zu sein, es nicht zwischen den Fingern zerrinnen zu lassen. Kleine Ausgaben richten doch wie viele Mäuse in einer Scheune großen Schaden aus. Ein Haar nach dem anderen fällt aus – bis schließlich eine Glatze entsteht. Ein Strohhalm nach dem anderen fällt vom Dach der Hütte, bis es ganz kaputt ist, und tropfenweise kommt der Regen in die Kammer. Ein Fass ist bald leer, wenn der Zapfen auch nur jede Minute einen Tropfen herauslässt. Hühner sind bald gerupft, eine Feder nach der anderen. Kleine Maden fressen den Käse; kleine Vögel verderben eine große Menge Weizen. Wer irgendwo sparen will, der fange bei seinem Mund an: Viele Diebe lauern am Eingang des Schlundes. Der Bierkrug ist ein großer Verschwender. In allen Dingen halte die rechten Grenzen ein. Bei der Kleidung wähle passende und haltbare Stoffe und keinen bloßen Flitterkram. Die Hauptsache ist, dass sie warm hält; wie sie aussieht, ist Nebensache. Strecke deine Beine nicht weiter aus, als es deine Decke erlaubt, oder du wirst bald kalte Füße bekommen. Ein Narr kann Geld verdienen, aber man muss ein weiser Mann sein, um es ausgeben zu können. Es ist leichter, zwei Schornsteine zu bauen, als in einem stets Feuer zu erhalten. Harte Arbeit und harte Kost in der Jugend schaffen gute Aussichten auf Ruhe im Alter. Wer sich der Verschwendung ergibt, schlägt den kürzesten Weg zum Armenhaus ein. Das Geld hat schon selbst Flügel; schafft man ihm nun noch ein zweites Paar an, so muss man sich nicht wundern, wenn es schnell fliegt.

Entschuldigt, dass ich dieses Garn so lang gesponnen habe, aber wie ich es zog, so kam es nach. Ich wollte nur sagen: Seid nicht geldgierig, denn Habsucht ist immer arm. Strebt aber trotzdem danach vorwärtszukommen, denn Armut ist keine Tugend, und wer in der Welt emporkommt, verschafft sich nicht nur Annehmlichkeiten, sondern genießt auch allgemeines Ansehen. Erwirb, was du kannst, spare, was du kannst, und dann gib, was du kannst. Versuche nie, etwas an deinen Spenden für Gottes Sache zu sparen; solches Spargeld frisst das andere auf. Was man Gott gibt, ist nicht verloren; man bringt vielmehr sein Vermögen auf die beste Bank. Solches Geben ist wahres Besitzen – wie es auf einem alten Grabstein stand: »Was ich ausgab, hatte ich; was ich sparte, verlor ich; was ich gab, das habe ich.« Die

Hände der Bedürftigen sind sichere Geldkassetten, und Geld, das dem Herrn geliehen ist, ist gut angelegt. So wünscht der Pflüger Hans allen jungen Anfängern viel Glück und langes Leben.

Menschen mit zwei Gesichtern

Selbst böse Menschen lieben diejenigen; die entschieden und eindeutig handeln. Diebe haben am liebsten mit ehrlichen Leuten zu tun, weil sie diese am besten betrügen können. Wer sich mannhaft verhält, hat wenigstens eine gute Seite. Wer aber mit den Wölfen heult und mit den Schafen blökt, wird von niemandem gern gesehen, es sei denn vom Teufel. Zwei Gesichter unter einem Hut zu haben, ist trotzdem keine ungewöhnliche Erscheinung. Viele sehen so aus, als ob die Butter in ihrem Mund gefrieren müsste, und können doch Feuer speien, wenn es ihrem Zweck entspricht. Ich las neulich in der Zeitung von Röcken, die man auch andersherum tragen könne; der Schneider, der sie anbietet, wird gewiss ein Vermögen damit machen. Es mit dem Hasen zu halten und mit den Hunden zu laufen, ist auch jetzt noch Mode. Entschiedenheit und Festigkeit ist so selten in der Welt anzutreffen wie Wohlgeruch in der Hundehütte.

Man kann einigen Menschen so weit trauen, wie man sie mit den Augen verfolgen kann, aber nicht weiter; denn neue Gesellschaft macht auch neue Menschen aus ihnen. Wie Wasser kochen oder gefrieren sie – je nachdem, wie die Temperatur ist. Einige verhalten sich deshalb so, weil sie gar keine eigene Überzeugung haben. Sie drehen sich wie eine Wetterfahne und hängen ihr Mäntelchen nach dem Wind. Ihre Meinung zu ermitteln, ist ebenso leicht, wie am wechselnden Mond für einen Anzug Maß zu nehmen. Sie glauben an das, was sich am besten bezahlt macht. Ihre Mühle mahlt jedes Getreide, das man zu ihr bringt, wenn nur das bare Geld nicht ausbleibt. Und es passt ihnen jeder Wind: Nord, Süd, Ost, West, Nordost, Nordwest, Südost, Südwest, Nordnordost, Südsüdwest und jeder andere, der in der Welt weht. Wie Frösche können sie auf dem Land oder im Wasser leben, und es macht ihnen sehr wenig aus, ob sie hier oder da sind. Wie Katzen fallen sie immer auf ihre Füße, und sie bleiben überall, wo man ihnen Butter aufs Brot streicht. Sie lieben ihre Freunde, aber ihre Liebe wohnt im Brotschrank, und wenn dieser leer ist, so läuft ihre Liebe wie eine Maus fort, um eine andere Schublade zu finden. Sie sagen: »Dich sollte ich verlassen, mein teures Mädchen? Nein, ich bleibe bei dir, solange du noch einen Pfennig im Kasten hast.« Aber wie schnell machen sie sich aus dem Staub, wenn es schlimm damit aussieht! Wie die Ratten verlassen sie das Schiff, ehe es sinkt. Ihr Herz ist beim Pudding. Solange der Topf kocht, sitzen sie beim Feuer, wenn aber die Schüssel leer ist, so sind sie sogleich verschwunden. Sie halten es immer mit dem Pferd, das in der Rennbahn siegt. Sie ziehen jeden Rock an, den man ihnen zu tragen gibt. Wer aber einen Pfennig für sie gibt, hat sein Geld weggeworfen. Der Profit ist ihr Gott, und Geld ist ihnen immer süß, ob sie es an dir verdienen oder an deinem Feind. Kopf oder Schwanz zu sein, ist ihnen gleich, wenn sie nur dabei gewinnen. Hauptstraße oder Nebenweg, das macht für sie keinen Unterschied, wenn sie nur mit dem Brot im Korb nach Hause kommen können. Sie sind gute Freunde der Gans, essen aber auch ebenso gern das Gänseklein. Wenn das Wasser nur ihre Mühlenräder treibt, so kann es ruhig schmutzig sein.

Andere sind so veränderlich, weil ihnen ungemein viel an guter Kameradschaft liegt. Wer ihnen Gesellschaft leisten will, ist ihnen recht, sei er ein Reisender oder ein Wegelagerer. Sie sind von Natur so gutmütig, dass es ihnen eine Notwendigkeit ist, mit jedermann übereinzustimmen. Sie sind mit Herrn Jedermann verwandt. Ihr Gehirn ist in den Köpfen anderer Leute. Wenn sie in Rom wären, würden sie dem Papst den Pantoffel küssen, wenn sie aber daheim sind, so rufen sie, bis sie heiser werden: »Nieder mit der Priesterherrschaft!« Sie gehen mit der Zeit in der Hoffnung, dass die Zeit mit ihnen gehen werde. Zieht man sie nur am Strick, so kann man sie auch läuten wie Glocken, wozu man will, zum Begräbnis oder zur Hochzeit. »Komm zur Kirche!«, hören sie ebenso gern wie: »Fahr zur Hölle!« Sie haben kein Rückgrat, man kann sie biegen wie Weidenruten – rückwärts oder vorwärts, wie man will. Sie sind wie Austern: Wer sie öffnet, kann sie auch wegwerfen. Sie sind dir wohlgesonnen und halten es zugleich mit deinem Feind. Sie sind heiß und kalt. Sie wollen es beiden Seiten recht machen und verdienen auch, von beiden Parteien mit den Füßen getreten zu werden wie ein Fußball.

Einige sind Heuchler von Natur aus – glatt wie ein Aal und scheckig wie die Stute des Barons. Wie ein Betrunkener können sie nicht gerade stehen, wenn sie es auch möchten. Sie winden sich rechts und links wie eine Landstraße. Kartenmischen ist ihr Lieblingsgeschäft, und Ehrlichkeit verabscheuen sie am meisten. Honig ist auf ihrer Zunge, aber Galle in ihrem Herzen. Wie Katzenfüße lassen sie eine weiche Pfote sehen und tragen scharfe Krallen darunter. Wenn es gleichen Nutzen brächte, die Wahrheit zu sagen oder zu lügen, so würden sie doch naturgemäß die Lüge vorziehen, denn sie ist mehr nach ihrem Geschmack, wie der Schmutz dem Schwein anhaftet. Sie schmeicheln und schwänzeln und kriechen und katzbuckeln und sind den Schnecken gleich, die sich mithilfe ihres Schleimes fortbewegen; dabei aber hassen sie dich in ihrem Herzen und warten nur auf eine gute Gelegenheit, dir den Dolch ins Herz zu stoßen. Nimm dich vor denen in Acht, die aus der Stadt Trugheim kommen. Herr Jedermanns Freund, Herr Schönrede und Herr Zweizüngig sind Nachbarn, zu denen man am besten Abstand halten sollte. Sie sind wie Ruderer, die in die eine Richtung blicken und in die andere fahren. Sie sind falsch wie die Versprechungen des Teufels und grausam wie der Tod und das Grab.

Fromme Betrüger gehören zum Schlimmsten und sind doch, fürchte ich, so zahlreich wie Ratten in einem alten Weizenhaufen. Sie sind wie eine versilberte Nadel – von außen blank, von innen rostig. Sie decken ihre schwarze Haut mit weißen Federn zu. Sonntag und Montag sind bei ihnen sehr verschiedene Tage. Sie haben die Furcht vor dem Prediger bedeutend mehr vor Augen als die Furcht vor Gott. Ihre Frömmigkeit besteht im Nachäffen der Frommen, das Wesen der Sache haben sie nicht in sich. Sie tragen das Gesangbuch in der Tasche und singen dabei Schelmenlieder. Das Beste, was sie an sich haben, ist ihr Sonntagsrock; je näher man aber ihrem Herzen kommt, desto mehr Schmutz findet man. Schwatzen können sie wie Papageien, aber ihr Wort und ihr Wandel stimmen nicht überein. Einige meinen, dadurch Kunden zu ergattern, und einige fromme Redensarten sind eine billige Reklame fürs Geschäft. Ihr Geschäft aber ist ihnen nicht ein Gottesdienst, sondern sie machen aus ihrem Gottesdienst ein Geschäft. Andere, die sich mit weniger begnügen müssen, gehen zur Kirche wegen der Suppe, des Brotes und der Holzmarken. Sie lieben die Kirchengemeinschaft wegen des Armengeldes. Die liebe, alte Frau Wohlbeleibt kann einen segensreichen Platz im Krankenhaus gebrauchen; daher ist sie auch, wie sie sagt, immer so gesegnet durch die segensreichen Predigten, die sie an jedem gesegneten Sonntag aus dem Segensmund des Pastors vernimmt. Mag es mit dem Glauben solcher Leute sonderbar bestellt sein – Liebeswerke sind ihnen ganz recht. Sie wissen, wie man es anzufangen hat, dass man Butter aufs Brot bekommt.

Andere tragen ein frommes Äußeres zur Schau, um ihr Gewissen dadurch zu beschwichtigen; sie legen es als Pflaster auf ihre Wunden – und wenn sie damit den Himmel so leicht zufriedenstellen könnten wie sich selbst, so stände es sehr gut um sie. Habe ich doch Leute kennengelernt, die einen erstaunlichen Eifer für das Christentum an den Tag legten und es doch, soweit ich sehen konnte, nur deswegen taten, damit man recht groß von ihnen denken sollte. Sie sammelten einen kleinen Kreis von Freunden um sich, die mit Bewunderung auf ihre Reden hörten und denen alles reines Evangelium war, was immer sie auch sagen mochten. Ob der Prediger etwas taugte, darüber stand ihnen die Entscheidung zu. In den schwierigsten Dingen wussten sie Bescheid, und sie hatten ein Fässchen ganz vorzüglichen geistlichen Portweins für solche in ihrem Keller liegen, die etwas Kräftiges liebten. Aber, o weh! Wenn sie sich doch dazu hätten herablassen wollen, auch im Leben ein wenig christlichen Glauben an den Tag zu legen, um wie viel gewichtiger würden dann ihre Reden gewesen sein! Diese Leute sind wie die Eulen, die wie große Vögel aussehen und es doch nicht sind, weil sie zumeist aus Federn bestehen. Und sie sehen im Zwielicht auch erstaunlich weise aus; wenn es aber Tag wird, so werden sie als regelrechte Tölpel offenbar.

Wer sich mit Heuchlern dieser oder jener Art einlässt, wird die Folgen zu tragen haben. Wer versucht, den Herrn zu betrügen, wird auch gern bereit sein, seine Mitmenschen zu betrügen. Wo viel Geschrei ist, da ist meistens wenig Wolle. Mancher Schornstein ist so groß, dass man viel Speck und Schinken in ihm zu finden hofft; schaut man aber hinauf, so sieht man oft nichts als leere Haken und schwarzen Ruß. Die Windmühlen einiger Leute sind bloße Nussknacker. – Nicht alle, die in die Kirche oder in die Gemeinde gehen, beten auch im Geist und in der Wahrheit an. Die am lautesten singen, sind es nicht immer, die Gott am meisten loben. Und jene, welche die längsten Gesichter machen, sind nicht immer diejenigen, die vom größten Ernst erfüllt sind.

Besser ein toter Hund als ein lebendiger Heuchler. In der Tat, wenn der Teufel die Heuchler in ihrem Wesen beobachtet, muss er eine wahre Herzensfreude an ihnen haben. Echte Christen versucht er, aber diese Leute lässt er unbehelligt, denn er weiß, sie sind ihm gewiss. Lahme Enten braucht er nicht erst zu schießen, sein Hund kann sie zu jeder Zeit auflesen.

Verlasst euch darauf, meine Freunde: Wenn eine gerade Linie nicht zum Ziel führt, so wird es eine krumme erst recht nicht tun. Was durch Schwindeln erstanden wird, ist ein sehr gefährlicher Gewinn. Eine Maske zu tragen, mag einen augenblicklichen Frieden verschaffen, aber Betrügerei wird sich an sich selbst rächen und Schmerzen zur Folge haben. Ehrlich währt am längsten. Wenn es mit dem Fell des Bären nicht geht, so versucht es ja nicht mit dem des Fuchses. Seid zuverlässig, aufrichtig und wahrhaftig. Lasst euer Gesicht und eure Hände wie Zifferblatt und Zeiger einer Uhr immer angeben, was innerlich vorgeht. Lasst euch lieber wegen Offenherzigkeit auslachen als wegen Schlauheit rühmen. Offenheit mag uns in Verlegenheit bringen, ist aber besser als List. Die Aufrichtigen werden am letzten Tag ihren Lohn empfangen; ein Arglistiger aber kann ebenso wenig in den Himmel kommen wie einer, der unter jedem Arm einen Mühlstein trägt, über den Atlantischen Ozean schwimmen kann.

Angeber

Die Kunst des Übertreibens ist heutzutage weit verbreitet. Man hört von Stachelbeeren, die doppelt so viel wiegen wie möglich, und Entenschwärme lassen sich nieder, sooft die Zeitungen Saure-Gurken-Zeit haben. Wenn ein Wagen vorüberfährt und dadurch der Deckel einer Kaffeekanne einer alten Frau rasselt, so wird es als ein Erdbeben verzeichnet. Solche hübschen Fantasiebilder sind durchaus nicht selten. Manche Leute schauen immer nach Wundern aus, und wenn sie diese nicht sehen, so erfinden sie welche. In der Nacht sehen sie Kometen und hören alle Tage eine merkwürdige Geschichte. Alle ihre Maulwurfshügel sind Berge. Alle ihre Enten sind Schwäne. Sie haben die Multiplikation der Zahlen gut studiert und machen freien Gebrauch von ihrer Wissenschaft. Haben sie sechs Köter beieinander gesehen, so schwören sie darauf, hundert Jagdhunde gesehen zu haben. Jawohl, und sie werden rot im Gesicht wie ein Truthahn, wenn irgendjemand ein wenig skeptisch blickt. Bald werden sie überzeugt sein, dass sie zehntausend Löwen erblickt haben. Denn alles wächst bei ihnen so schnell wie die Pilze nach dem Regen, und es schwillt ihnen zu Bergen an.

Alles um sie her ist wunderbar. Was aber sie selbst betrifft, so ist niemand gut genug, ihnen die

Stiefel zu putzen. Sie sind die Creme der Schöpfung. Sie sind so stark wie Simson und können tüchtiger ziehen als das Gespann des Pflügers Hans, wollen es aber nicht probieren, weil sie sonst die Stricke zerreißen könnten. Ihr Reichtum ist enorm, sie *könnten*, wenn sie nur wollten, sämtliche Staatsschulden bezahlen, haben indessen aber gute Gründe, es vorläufig noch nicht zu tun. Wenn sie einen Laden führen, so haben sie mehrere Millionen im Jahr umgesetzt und schränken ihr Geschäft nur aus Mitleid mit ihren Nachbarn ein. Sie verkaufen die besten Waren zu den niedrigsten Preisen, faktisch unter dem Selbstkostenpreis. Und niemand im Land kann es mit ihnen aufnehmen. Wenn sie Landwirtschaft treiben, so tun sie es nur zu ihrem Vergnügen, und sie wollen den dummen Bauern damit zeigen, wie man die Sache anzufangen hat. Alle ihre Taten sind wahre Wunder! Wie der Zirkus, der neulich in unserem Dorf war, sind sie eine ganz »einzigartige, originelle und unübertreffliche« Erscheinung. Und doch sind sie ein ebenso fauler Schwindel, wie es jene Tierschau war: Das Beste daran waren die Bilder, die außen an der Bude angebracht waren, und genauso steht es mit ihnen. Doch ist es erstaunlich, wie sie den Mund aufreißen können. Man höre sie nur reden! Dabei werden immer die Steigerungsform und Ausrufezeichen verwendet. »Haben Sie je ein so prächtiges Pferd gesehen, mein Herr? Es läuft schneller als der Wind! Diese Kuh da, ich muss Sie bitten, sie recht in Augenschein zu nehmen, denn es gibt keine zweite derartige in dieser Gegend; sehen Sie nur, wie graziös sie mit dem Schwanz wedelt! Und mein Junge da, der ist intelligent – weit über seine Jahre! Ein wahres Wunderkind! Sieht seinem Vater ähnlich, sagten Sie? Sehr gütige Bemerkung von Ihnen, aber viel Wahres daran! Denn glauben Sie mir, derjenige muss früh aufstehen, der es mit mir aufnehmen will! Sehen Sie nur mein Feld an! Haben Sie je solche Rüben gesehen? Die Blätter zerfressen? Durchaus nicht, sieht nur so aus. Es ist eine ganz besondere Art von Rüben, mit Ventilationsblättern, die von Natur aus durchlöchert sind, um die Luft aus- und einzulassen! Zu viele Maulwurfshügel, meinen Sie? Hat eine besondere Bewandtnis damit. Unsere Maulwürfe sind nämlich eine große Seltenheit. Sie werfen größere Hügel auf als irgendwelche anderen im ganzen Land und sind von einer ganz vorzüglichen Sorte, die sonst ausgestorben ist. Haben Sie diese ungeheure Distel bemerkt? Ist sie nicht ein Prachtexemplar? Groß genug, dass ein Schotte vor Freude stürbe, wenn er sie sähe! Das beweist, was dies für ein vorzüglicher Boden ist. Darum war auch unser letzter Weizen, den wir gewonnen haben, so erstaunlich schwer, dass wir

Denn glauben Sie mir, derjenige muss früh aufstehen, der es mit mir aufnehmen will!

gar nicht wussten, wie wir ihn einbringen sollten. Die Wagen ächzten förmlich unter der Last. Die halbe Grafschaft kam zusammen, um beim Dreschen zuzusehen, und die ältesten Leute in dieser Gegend sagten, sie hätten so etwas noch nie erlebt. Gut, dass Maschinen erfunden sind, Menschen hätten den Weizen niemals dreschen können!«

Wenn jemand sich angewöhnt hat, in diesem Stil zu reden, so ist es ihm gleich, worauf er loshämmert, es ist immer das Größte, Schönste und Allerwunderbarste im ganzen Land – oder aber das Allerschrecklichste, Entsetzlichste und Fürchterlichste in der Welt. Seine Stiefel würden Goliath nicht passen, aber seine Zunge ist viel zu groß für den Mund des Riesen. Er malt mit einem Besen. Er bezuckert einen Pfannkuchen mit einem Spaten und legt seine Butter mit der Kelle auf. *Sein* Pferd, *sein* Hund, *seine* Flinte, *seine* Frau, *sein* Kind, *sein* Gesang, *seine* Pläne sind lauter »Hat's-noch-nie-Gegeben«. Er ist allen anderen voraus; er ist die Nummer eins, und es dürfte schwerfallen, einen Menschen zu finden, der die Nummer zwei nach ihm sein könnte. Das Wasser aus seinem Brunnen ist kräftiger als Wein; es regnet Erbsensuppe in sein Wasserfass; an seinen Johannisbeersträuchern wachsen Trauben; in seinen Kürbissen kann ein Mann aufrecht stehen, und nun erst seine Blumen! … Hat er doch gehört, dass nur noch die Königin eine solche Geranie hatte wie er, obwohl seine besser ist!

Das Merkwürdige ist, dass Menschen dieses Typs nicht sehen, dass sie jedermann auslacht. Sie müssen blind geworden sein von ihrer Prahlerei. Jedermann sieht ihrer Schüssel auf den Grund, und doch hören sie nicht auf, sie einen Ozean zu nennen, als ob es lauter Dummköpfe wären, mit denen sie es zu tun hätten.

Ich habe Menschen kennengelernt, die ihren Mund aufrissen wie ein Scheunentor, um sich damit zu brüsten, was sie alles tun wollten, *wenn* sie in den Schuhen eines anderen steckten. Wenn sie im Abgeordnetenhaus säßen, so wollten sie alle Steuern abschaffen, die Armenhäuser in Paläste verwandeln, aus den Brunnen Bier fließen lassen und all die Flüsse in Brand stecken. Aber all dies hängt von einem *Wenn* ab, und dieses *Wenn* ist ein spitzer Gartenzaun, über den sie noch nie hinweggesprungen sind. Wenn der Himmel herunterfällt, so werden wir Lerchen fangen können. Wenn Hans Angabe nur die Zügel in die Hände bekommt, wird er die Pferde zum Mond hinauffliegen lassen. *Wenn* ist ein schönes Wort – wenn ihm ein Mensch auf den Rücken springt, wird es ihn in Welten tragen, die nie geschaffen worden sind, und die Wunder schauen lassen, die nie geschehen sind. Mit einem

Wenn kann man ganz London in einen Blumentopf tun.

Wenn alle Meere flössen in ein Meer nur hinein,
wie groß würd' dieses Meer wohl sein!
Wenn alle Bäume wüchsen in einen Baum hinein,
wie groß würd' dieser Baum wohl sein!
Wenn alle Äxte sich schmiegten in eine Axt hinein,
wie groß würd' diese Axt wohl sein!
Wenn alle Männer gingen in einen Mann hinein,
wie groß würd' dieser Mann wohl sein!

Wenn nun die große Axt ergriff der große Mann
und hiebe damit um den großen Baum alsdann
und ließ ihn fallen in das große Meer,
wie spritzte da das Wasser ringsumher!

»Lauter Unsinn!«, ruft hier einer aus. Und so denkt der Pflüger Hans auch, und ebendarum teilt er das Ganze hier mit als ein Beispiel für die Albernheiten, in die Angeber so gern verfallen. Das hier Mitgeteilte ist noch nicht halb so dumm wie neun Zehntel von den ungeheuren Torheiten, die sie zutage fördern.

Was haben einige von diesen Prahlhänsen nicht alles getan! Soll man's glauben? (Ich sage: »Nein, ich glaube es nicht!«) Sie haben ihr und anderer Leute Glück im Handumdrehen gemacht. Ihr Rat hat manchen Beutel mit Gold gefüllt. Ihre Rede übte eine solche Gewalt auf die Versammlung aus, dass die Leute wie angewurzelt auf ihren Plätzen saßen. Sie waren in einen Disput verwickelt, und als ihre Parteifreunde schon beinahe vollständig geschlagen waren, da warfen sie die ganze Opposition augenblicklich mit solch außerordentlichem Witz und Verstand über den Haufen – König Salomo war dumm im Vergleich zu ihnen. Was die christliche Frömmigkeit betrifft, so haben sie sich in ihrer Gegend zuerst darum bemüht und durch ihre erstaunlichen Anstrengungen alles in Gang gehalten. Sie haben das goldene Ei gelegt. Die Menschen sind leider undankbar, oder sie würden sie beinahe anbeten. Es ist eine Schande, wie sie beiseitegesetzt wurden. Und neulich sind sie sogar von genau denselben Leuten hinausgeworfen worden, die durch sie etwas geworden sind. Solange sie noch die Hand im Spiel hatten, ging alles gut mit der Gemeinde. Seitdem sie aber diese verlassen haben, so sagen sie, ist irgendwo etwas nicht mehr in Ordnung, und man sollte nur ein wenig warten, so würde man's schon erleben. Wenn sie eine Anwandlung von Bescheidenheit haben, so nehmen sie das Wort des Psalmisten in den Mund und sprechen: »Die Erde wankt, aber ich halte ihre Säulen fest.« Ihr Tod, denkt man, müsste die ganze Welt in ein Trauerhaus verwandeln. Wenn sie nicht mehr Kunde wären, so müsste man eigentlich sofort sein Geschäft schließen, und es ist reine Unverschämtheit, wenn man hofft, noch existieren zu können, nachdem man solche Kunden wie sie verloren hat. Fühlen sie aber ein wenig natürlichen Stolz auf ihre großen Taten, dann kann man etwas Ordentliches zu hören bekommen: Sie blasen nicht bloß die Trompete ihres eigenen Ruhmes, nein, sie haben ein vollständiges Orchester zur Verfügung, in dem auch die große Trommel und alle sonstigen Instrumente dazugehören, und sie lassen sie dann alle ganz prächtig spielen zu ihrem eigenen Preis und Ruhm.

Ich möchte lieber den ganzen Tag lang pflügen und die Nacht mit dem Wagen auf der Straße festliegen, wenn es so kalt ist, dass einem die Nase abfriert, als einem dieser Prahlhänse zuhören. Ich möchte lieber fasten, bis ich so schlaff bin wie ein Wischtuch, als den besten Braten essen, der je auf einen Tisch gekommen ist, und mich dabei von einer schrecklichen Großsprecherei betäuben lassen. Sie reden in einem so gewaltigen Ton und vergrößern alles so fürchterlich, dass man ihnen auch dann nicht glauben kann, wenn sie das eine oder andere wahre Wort einschalten. Sie sind große Lügner, aber sind sich dessen kaum bewusst, denn sie haben so lange geredet, dass sie an ihre eigene Aufschneiderei glauben. Der Frosch meinte, er wäre so groß wie die Kuh, und fing dann an, sich aufzublasen, um es wahr zu machen. So blähen auch sie sich auf und werden auch platzen wie er, wenn sie sich nicht vorsehen.

Wir wollen danach streben, die Wahrheit, die ganze Wahrheit und nichts als die Wahrheit zu reden. Wenn wir ein Huhn ein Rebhuhn nennen, dann werden wir bald ein Murmeltier einen Ochsen nennen. Fängt man erst an zu übertreiben, so lässt sich nicht vorhersagen, wie weit man kommen wird. Hat man einmal die gerade Straße der Wahrheit verlassen, kann niemand sagen, wohin einen der krumme Weg führen mag. Wer kleine Lügen ausspricht, wird sich bald nichts aus großen machen, denn das Prinzip ist dasselbe. Wo ein Mauseloch ist, wird auch bald ein Rattenloch sein, und wenn die junge Katze kommt, wird auch die alte bald folgen. Wenn es erst regnet, so gießt es auch zumeist; eine kleine Unwahrheit leitet über zu einem wahren Schauer von Lügen.

Selbstruhm ist keine Empfehlung. Eigenlob stinkt, anderer Lob klingt. Steh auf deinen eigenen Füßen, aber singe nicht dein eigenes Lob. Großsprecherei ist Schaumschlägerei. Lange Zunge, kurze Hand. Viel sprechen, wenig tun. Hunde, die bellen, beißen nicht. Das magerste Schwein grunzt am meisten. Die Henne, die am meisten gackert, legt nicht die meisten Eier. Zwischen Sagen und Tun ist ein großer Unterschied. Je mehr die Kuh blökt, desto weniger

Milch gibt sie. Der größte Dreschlärm entsteht, wo kein Weizen ist. Viel Geschrei, wenig Wolle. Viel Schaum, wenig Bier. Trommeln klingen laut, weil sie hohl sind. Wahrhaft fromme Menschen kennen sich selbst zu gut, als dass sie sich selbst beweihräuchern würden. Kähne ohne Ladung ragen auf dem Kanal hoch empor, aber je voller sie sind, desto tiefer sinken sie. Guter Käse verkauft sich ohne Marktschreierei. Guter Wein braucht keine Reklame. Wenn Menschen wirklich tüchtig sind, so merkt man es, ohne dass es einem gesagt werden muss. Am Prahlen erkennt man den Narren. Den Esel erkennt man an seinem Geschrei. Wenn ein Mensch unwissend ist und den Mund hält, so wird ihn niemand verachten; wenn er aber schwätzt mit leerem Schädel und mit einer langen Zunge, so schreibt er seinen Namen mit großen Buchstaben nieder, und zwar mit folgenden vier: NARR. Die Esel erkennt man an den Ohren, an seinem Geschwätz aber den Toren.

In Not geratene Leute

Nicht eher ist eines Menschen Schicksal vollkommen bekannt, als bis er gestorben ist. Ein immer währender Wechsel des Glücks ist nun einmal unser Los auf Erden. Wer heute im Wagen fährt, muss ihn vielleicht morgen waschen. Brettschneider wechseln ihre Plätze, und wer hoch oben steht, kann an die Reihe kommen, unten in der Grube zu stehen.[7] In weniger als tausend Jahren werden wir alle eine Glatze haben. Wer weiß, was uns noch vor der Zeit widerfahren mag? Auch wir könnten einmal unter einem Fenster stehen, darum sollten wir beim Ausgießen unseres schmutzigen Wassers Vorsicht walten lassen. Mit welchem Maß wir messen, werden auch wir wieder gemessen werden; daher lasst uns darauf achten, dass wir die Unglücklichen behandeln, wie es recht ist.

Nichts nimmt mich mehr gegen die menschliche Natur ein, als wenn ich die Art und Weise beobachte,

7 A.d.H.: Hier ist offenbar an eine jener Gruben gedacht, die früher gebraucht wurden, um die großen Eichenstämme, die zum Bau von Häusern benötigt wurden, auf die richtigen Längen sägen zu können. Dabei legte man die Stämme über die Grubenränder. Eine Person stand unten in der Grube, die andere oben auf dem Stamm. Nun kam eine mächtige Handsäge zum Einsatz, wobei beide zusammen die dicken Stämme zersägten.

wie die Menschen andere behandeln, wenn diese von der Leiter des Glücks herunterfallen. »Geschieht ihm recht«, schreien sie dann, »er hat nie etwas getaugt.« Ein Hund frisst den anderen nicht auf, aber die Menschen verzehren einander wie Kannibalen und rühmen sich dabei noch ihrer Taten. Es gibt Tausende in dieser Welt, die – sobald ein Kaufmann oder ein Händler in Schwierigkeiten kommt – wie die Geier herbeifliegen, um sich auf ihn zu stürzen.

»Wo das Aas ist, da sammeln sich die Geier.«[8]

Anstatt dem Betreffenden ein wenig Hilfe zu leisten, sind sie hart gegen ihn und schreien: »Selbst schuld!« Alle Welt schlägt auf einen Menschen los, der ins Unglück geraten ist. Trifft ihn ein Schicksalsschlag, so fangen alle Menschen an, mit der Peitsche zu knallen. Der Baum ist gefallen, und jedermann läuft und holt sein Beil. Das Haus brennt, und die Nachbarn wärmen sich daran. Der Mann macht schlechte Geschäfte, und schon behandeln ihn seine Freunde schlecht. Einer ist nach unten geraten, schon schreit die Selbstsucht: »Lasst uns dafür sorgen, dass er unten bleibt, so ist desto mehr Platz für die, die oben sind.«

Besonders traurig ist das Los aber, wenn jene, die jemanden hinuntergestoßen haben, ihm noch zu-

8 A.d.H.: Vgl. Matthäus 24,28 (Luther 1956), siehe auch Lukas 17,37.

sätzlich solche Stöße versetzen, dass er nicht wieder aufsteht! Es ist nicht sehr angenehm, hören zu müssen, was für ein großer Narr man gewesen sei und dass es mindestens fünfzig Mittel gegeben habe, um aus der Schwierigkeit herauszukommen – man habe aber nicht den Verstand besessen, es zu bemerken. »Hätte er, dann hätte er nicht …« »Er hätte die Stalltür verschließen sollen …« Jedermann kann das einsehen, aber niemand bietet sich an, dir einen neuen Gaul statt des verlorenen zu schenken. »Wie schade, dass er sich so weit aufs Eis vorgewagt hat!« Das ist vollkommen richtig, wird aber dem Ertrinkenden nicht das Leben retten. Es ist leicht, in einen fadenscheinigen Rock ein Loch zu machen. Gute Ratschläge sind für eine hungrige Familie schlechte Nahrung.

Leihe mir jetzt ein Stück Bindfaden, um die Stränge wieder zusammenzubinden, und tadle das alte Pferdegeschirr, wenn ich wieder zu Hause bin. Gib meinem alten Gaul ein wenig Hafer, und lass ihn dann getrost schneller laufen. Habe Mitleid mit mir, und ich will dir sehr dankbar dafür sein, aber lass dein Mitleid nicht vor deiner Tasche haltmachen, oder du kannst mir mit all deinen Gefühlen gestohlen bleiben.

Menschen, die bergab gehen müssen, treffen mit Judas zusammen, ehe sie den Fuß des Berges erreicht haben. Diejenigen, denen sie in ihren besseren Tagen geholfen haben, vergessen meistens ihre Schuld oder zahlen sie mit Undank zurück. Der junge Schössling stiehlt dem alten Stamm den Saft. Das junge Fohlen saugt seiner Mutter die Milch ab und schlägt dann mit dem Huf nach ihr aus. Wie oft wird das Sprichwort wahr: »Ich habe dich schwimmen gelehrt, und nun willst du mich unter Wasser drücken.« Der Hund wedelt mit dem Schwanz, bis er den Knochen bekommt, und dann schnappt und beißt er nach dem Mann, von dem er ihn bekommen hat. Gegessen – vergessen, und die Hand, die das Brot gab, wird verachtet. Die Kerze gibt anderen Licht und verzehrt sich selbst dabei. Nichts ist meist so schnell aus dem Gedächtnis gelöscht wie ein guter Dienst, den man einem anderen geleistet hat. Jeder ist sich selbst der Nächste, das ist die goldene Regel der Welt, und wir wissen alle, wer den letzten Platz bekommt. Der Fuchs sorgt für seine eigene Haut und ist durchaus nicht bereit, aus Dankbarkeit seinem Freund gegenüber seinen Schwanz zu verlieren.

Ein edler Charakter ergreift für den Schwächeren Partei, aber edle Charaktere reiten nicht oft unsere Straße entlang. Sie sind so selten wie Adler; Elstern und Krähen kann man dutzendweise haben, edlere Vögel aber bekommt man nicht oft in seinem Leben zu Gesicht. Hat man je gesehen, dass die Krähen einem toten Schaf, ehe sie es aufgefressen haben, die Grabrede halten? »Wie traurig, wie ist es nur zugegangen? Welch ein Unglück!«, schreien die Nachbarn; und dann fallen sie über die Beute her und versuchen, einen Anteil an ihr zu bekommen. Die meisten Menschen bieten denen ihre Hilfe an, die keine Hilfe brauchen. Alle Köche verstehen es, ein fettes Schwein zu rösten, aber das magere lassen sie anbrennen.

Wenn der Wind günstig ist, so helfen alle. Solange der Topf kocht, blüht auch die Freundschaft. Aber die Schmeichler finden sich nicht in den Hütten des Elends, und die verblühte Rose hat keinen Freier. Alle Nachbarn sind Verwandte des reichen Mannes, aber den Armen kennt sein eigener Bruder nicht. Der Gutsherr wird ein paar Hundert Meter weit verstanden, wenn er auch nur lispelt; aber die Witwe Bedürftig kann man nicht einmal diesseits der Parkmauer verstehen, wenn sie auch noch so laut schreit. Die Menschen gießen gern Wasser in ein volles Fass und geben Feste denen, die nicht hungrig sind, weil sie darauf hoffen dürfen, ebenso gute oder noch bessere dafür mitzufeiern. Hast du erst eine Gans, so bekommst du noch eine Gans. Hast du ein eigenes Pferd, so kannst du dir eines borgen. Gerste zu leihen, wo die Scheune voll Weizen ist, ist sicher; aber wer leiht oder gibt, wo nichts ist? Ja, wer? Außer etwa ein Mensch, der zwar als altmodisch angesehen wird, aber an die Bibel glaubt und seinen Herrn liebt und dem Wort gemäß handelt: »Wohl dem Mann, der gnädig ist und leiht! Er wird seine Sachen durchführen im Gericht« (Ps 112,5).

Gewisse vornehme Leute geben sich äußerst freundschaftlich, wenn sie mit einem in Schwierigkeiten geratenen Geschäftsmann zu tun haben, weil es noch etwas von seinen Knochen abzunagen gibt. Der Anwalt und der Geldverleiher bedecken den armen Schlucker mit ihren Flügeln und picken dann mit den Schnäbeln an ihm herum, bis nichts mehr übrig ist. Wenn diese Leute sehr höflich und teilnehmend sind, so ist es Zeit für arme Leute, auf der Hut zu sein. Es war kein gutes Zeichen, als der Fuchs in den Hühnerstall mit den Worten hineinspazierte: »Schönen guten Morgen, meine innig geliebten Freundinnen!«

Leute, die ganz unten sind, müssen aber auch nicht verzweifeln, denn unser Gott lebt noch und ist ein Freund der Freundlosen. Ist auch kein anderer zu finden, der den Gefallenen seine Hand entgegenstreckt, so wird doch der Herr es nimmermehr versäumen, denen Hilfe zu bringen, die auf ihn trauen. Ein gottgemäß lebender Mensch mag wohl ins Feuer kommen, kann aber nicht verbrennen. Seine Hoffnung mag überflutet werden, kann aber nicht ertrinken. Er fasst stets neuen Mut. Ist der Hügel steil, so ist doch sein Herz stark, und damit kommt er über Schwierigkeiten hinweg, wo sich andere niederlegen und sterben. Solange man noch Leben hat, kann man auch Hoffnung haben. Bist du aber vom Rücken des Glücks heruntergefallen, so bleibe nicht im Graben liegen, sondern stehe wieder auf, lieber Freund – lässt dir der Pflüger Hans sagen – und versuche es noch einmal! Jona geriet bis auf den Meeresgrund, aber er kam wieder ans Ufer zurück und hatte keine Nachteile von seiner Wasserfahrt.

Ist der Vogel auch gefangen,
kann er Freiheit noch erlangen;
lieg ich jetzt auch tief im Staube,
hält sich doch an Gott mein Glaube.
Hoffnung will ich zu Ihm fassen,
alles still Ihm überlassen;
denn Er wird gewiss erscheinen –
und zu Ende ist mein Weinen!

Was ich mir nicht wünsche

Wenn es anderen Leuten gleich wäre und ich alles so haben könnte, wie ich es möchte, so wünschte ich mir nicht, dass mein argloses Buch von Kritikern verrissen würde, die nicht einmal die Ehrlichkeit gehabt haben, es zu lesen, sondern die sich ihr Urteil schon vorher gebildet haben, wie Simon der Einfältige es tat, als er zum Geschworenen gewählt wurde. Jedoch habe ich ein ziemlich dickes Fell, wie das Rhinozeros sagte. Wenn es anderen Vergnügen macht, mich zu kritisieren, so ist es mir ganz recht, und ich kann es ihnen nicht verwehren. Der Amboss fürchtet sich nicht vor dem Hammer. Ich habe gehört, dass die Herren Rezensenten in London, wenn sie ein Buch in die Hände bekommen, eine Seite aufschneiden und dann am Messer riechen. Danach erheben sie das Buch entweder in den Himmel oder tadeln es ohne Gnade und Barmherzigkeit – je nachdem, wie sie gerade gelaunt sind oder wie ihnen das Mittagessen geschmeckt hat. Der Pflüger Hans hofft, dass der Verlag diese Seite besonders kennzeichnet, wenn er dieses Buch den Zeitschriften zusendet, und dass dann folgendes Wort an die Weisen genügen wird: »Ich hoffe, die Schweine werden nicht über meine Birnen herfallen.«

Wenn ich wählen könnte, so wünschte ich nicht, dass mir ein halbes Dutzend Seiten aus diesem Buch als Einwickelpapier um die Butter ins Haus gebracht würden. Sehr unwahrscheinlich ist es allerdings nicht, und so muss ich schon damit vorliebnehmen.

Ich möchte nicht mit zwei alten Gäulen pflügen, die eine Gelenkentzündung an den Beinen haben und kurzatmig sind und überhaupt nicht mehr zur Arbeit taugen: Erbarmen für die armen Tiere und Erbarmen für den armen Pflüger, aber durchaus kein Erbarmen für den Gutsherrn, der sich solch elendes Vieh hält! Wenn ich einen Menschen sehe, der solch ein armes Pferd peitscht und prügelt, so möchte ich ihm ein paar Ohrfeigen geben, freue mich aber zugleich, dass mein Schimmel und mein Brauner schon gut genug gehen, wenn sie nur die Peitsche knallen hören, ohne dass sie immer wie Anwälte für alles, was sie tun, ihre Bezahlung zu bekommen brauchen. Ein Mensch, der ein Pferd misshandelt, sollte selbst eingespannt werden. Mit Freundlichkeit kann man sehr viel bei Tieren erreichen, aber mit Grausamkeit nichts. Wer gegenüber einem Tier unbarmherzig ist, ist selbst schlimmer als ein Tier.

Ich wünschte mir nicht, eine Kuh mit einem Stutzschwanz in der Sommerzeit zu sein oder ein Knecht mit einem halben Dutzend Herren oder ein Prediger mit ungehobelten Tyrannen als Diakonen. Auch möchte ich nicht die Wahrheit des alten Sprichworts erproben:

Zwei Katzen und eine Maus,
zwei Frauen in einem Haus,
zwei Hunde, die einen Kochen benagen,
werden sich schwerlich lange vertragen.

Ich möchte kein Hund sein mit einem Blecheimer am Schwanz oder kein Wurm am Angelhaken oder kein Mann mit einem zänkischen Weib als Frau. Ich habe durchaus keine Lust, in den Rachen eines Krokodils oder in die Hände der Anwälte zu fallen. Ich möchte nicht taub werden vom Tratsch der Nachbarschaft und nicht zu Tode gequält werden vom Zeitschriftenwerber, der mir ein Abonnement aufdrängen will, das ohne Ende fortbesteht wie die Schulden eines alten Trunkenboldes.

Ich müsste auf dem letzten Loch pfeifen, ehe ich mir ein Nachtquartier im Schweinestall suchen würde oder eine Wohnung bei schmutzigen Leuten. Ich wünsche mir nicht, Besitzer der Hälfte sämtlicher Hütten zu sein, in denen Arbeiter auf dem Land leben müssen; kein Gutsherr würde sich dazu herablassen, sie als Pferdestall zu benutzen; für Hundehütten sind sie noch nicht gut genug. Man denke sich: Vater, Mutter, erwachsener Sohn und zwei Töchter in ein und demselben Zimmer! Es ist eine wahre Schande und eine Sünde vonseiten derer, die arme Leute zu solchen Einschränkungen nötigen. Ich mag nicht daran denken, und doch ist es durchaus nichts Ungewöhnliches. Ihr Grafen und Herren, wie gefiele euch das? Wenn irgendjemand solche Zustände verteidigen kann, so würde es ihm nicht schaden, wenn er eine halbe Stunde lang verprügelt würde.

Auch möchte ich nicht im Dienst bei einem Geizhals sein oder Arbeiter bei einem Brummbär oder Lakai bei einem Angeber oder Schmarotzer bei einem reichen Tollkopf. Ich möchte nicht Armengeld beantragen müssen. Lieber würde ich es mit Wassersuppe versuchen – neun Körner Hafergrütze und vier Tassen Wasser. Ich möchte nicht mit dem Hut in der Hand umhergehen, um zu betteln, oder Geld borgen oder ein Tagedieb sein oder wie ein Mensch leben, dem man alles aufladen kann.

So übel es mir geht, habe ich doch keine Lust, mich zu verändern, wenn ich nicht bestimmt weiß, dass ich mich dadurch verbessern werde. Wer möchte vom Regen in die Traufe kommen? Was nützt es, ans Ende der Welt zu reisen, um da noch schlimmer dran zu sein als hier? Ich bleibe im Land und überlasse das Kap der Guten Hoffnung denjenigen, die es in die Ferne zieht.

Ich möchte nicht ein Schwein vor mir hertreiben oder ein steifes Pferd lenken oder einem starrköpfigen Menschen zureden müssen. Auch möchte ich nicht Lehrer bei verzogenen Kindern oder ein von Hunden geplagter Ochse oder eine Henne sein, die Enten ausgebrütet hat. Noch schlimmer dran ist freilich ein Prediger, der schläfrige Zuhörer hat; er jagt mit toten Hunden und fährt mit hölzernen Pferden. Man könnte ebenso gut mit schlafenden Rindern wie mit schlafenden Menschen Gottesdienst halten.

Ich möchte nicht ein Pferd von einem Pferdehändler zu kaufen haben, wenn ich's verhindern könnte, denn die zwei oder drei ehrlichen hat noch niemand kennengelernt. Ein sehr ehrlicher Pferdehändler wird einen nie betrügen, wenn man gut aufpasst; ein gewöhnlicher zieht einem den Zahn, während man den Mund zuhält. Pferde sind fast ebenso schwer zu beurteilen wie Menschenherzen; die Kenner mit der größten Erfahrung lassen sich hintergehen. Wie viele Pferdekrankheiten gibt es doch – Hufspat, Überbein und Ringbein, Steife[9], Igelshuf und Rattenschwanz, Flussgalle und Krebs, Kolik und Gelbsucht, Waldhornklüfte und Rehe und Mauke und dergleichen –, dass kaum ein gesundes Pferd in der ganzen Welt zu finden ist. Es ist immer eine schlimme Sache, die Pferde zu wechseln: Hast du ein gutes, so behalte es, denn du wirst kein besseres bekommen; hast du ein schlechtes, so behalte es, denn ich bin mir ganz sicher, du wirst dir eins kaufen, das noch schlechter ist.

---

9 A.d.H.: So wurde damals eine bestimmte Beingeschwulst bei Pferden bezeichnet.

Ich möchte nicht zur Fußmatte oder zum Putztuch werden oder mich zu schmutzigen Dingen hergeben, um mich bei großen Leuten beliebt zu machen. Es lüge, wer will, ich habe lieber die Wahrheit auf meiner Seite, auch wenn ich barfuß gehen muss. Unabhängigkeit und ein gutes Gewissen bei Salz und Brot sind besser als Sklaverei und Sünde bei Braten und Konfekt.

Ich möchte kein allgemeiner Packesel sein. Ich möchte nicht wie eine Gans gerupft werden und kein Aktienbesitzer sein. Ich möchte keine Orte besuchen, an denen ich nicht gern würde sterben wollen; auch wäre es mir nicht möglich zu leben, ohne eine wohlgegründete Hoffnung für die künftige Welt zu haben. Ich möchte nicht auf einem Pulverfass sitzen und dabei eine Pfeife rauchen, und doch tun das jene, die um ihr Seelenheil völlig unbekümmert sind, während das Leben doch so ungewiss ist. Auch möchte ich mir nicht mein Schicksal auf Erden wählen, sondern es Gott überlassen, es für mich zu bestimmen; ich würde mir sonst bei aller meiner Klugheit das Schlimmste aussuchen, während Gottes Wahl immer die beste ist.

Grabsteine

Fast jeder Mensch hinterlässt ein Grabmal, welches dazu dient, dass sich seine Nachbarn an ihn erinnern. Ein guter Name ist der beste Grabstein. Die uns geliebt und denen wir geholfen haben, werden an uns denken, wenn jedes Vergissmeinnicht auf unserem Grabhügel verwelkt ist. Hoffen wir, dass sich Besseres von uns wird sagen lassen als von jenem Mann, dessen Grabinschrift folgendermaßen lautete:

Er, der hier liegt, hat nie Gutes getan.
Lebte er noch, fing er's auch wohl kaum an.
Wo er jetzt ist und wie es ihm wohl geht,
ist eine Frage, die niemand bewegt.

Mögen unsere Angehörigen unserer nicht nur gedenken, weil wir etwa große Feinschmecker waren – wie jener, über dessen Grab geschrieben steht:

Mitleid'ger Wanderer, stehe still zu lesen!
Hier ruht in Frieden Karl Mellin.
Ein tücht'ger Esser ist er stets gewesen,
nun aber fressen Würmer ihn.

Dasselbe könnte man sagen von einem Schwein, das den ersten Preis auf der Ausstellung davongetragen hat, oder von einem fetten Ochsen, der geschlachtet worden ist. Einige Menschen sind nichts Besseres als wandelnde Bierfässer, solange sie leben. Wenn der Tod ein solches Fass zerstört, so vermodert es, ohne dass man weiter Notiz davon nimmt.

Jedoch ist so ein ehrlicher Grabstein immer noch besser als eine unverschämte Lüge. Schmeicheleien bei einem Grab anzubringen, heißt, geschmolzene Butter in den Ausguss zu gießen. Was für einen eigentümlichen Geschmack müssen diejenigen haben, die Reklame für die Abgeschiedenen machen, als wollten sie den Verstorbenen noch möglichst lange die Ruhmesposaune blasen, ehe der Engel des Jüngsten Gerichts erscheint! Hier eine Kostprobe aus ihrem Korb:

Hier ruht in Frieden Marta Treu.
So sehr war sie von Sünden frei,
dass sie die Hülle brach entzwei
und flog als Cherub aus dem Ei.

Wenn man Grabsteine sieht, möchte man wirklich fragen: Wo werden denn eigentlich die schlechten Menschen begraben? Rechts und links auf unserem Friedhof scheinen ausnahmslos die allerbesten Menschen gewesen zu sein, ein wahres Nest von Heiligen. Und einige von ihnen waren so ausnehmend fromm, dass es kein Wunder ist, dass sie starben – sie waren zu gut, um noch länger in der bösen Welt zu bleiben. Man soll lieber den Armen Brot als den Toten Steine geben. Lieber gute Worte den Lebenden als schöne Reden am Grab der Gestorbenen. Manches Zeug auf den Grabmälern ist so widerwärtig, dass ein Toter darüber erröten könnte.

Was für Steinmassen werden nicht über den Gräbern großer Leute aufgetürmt! Die Hälfte davon könnte man verwenden, um ein Haus zu bauen! Wie schwer werden sie bei der Auferstehung daran zu heben haben! Es ist mir immer, als würde ich nicht atmen können. wenn ich solche Massen Marmor über meinen Gebeinen hätte; obwohl ich nicht gerade zu fürchten brauche, dass man sie über meinem Grab aufhäufen wird. Möge die Erde, die ich so oft umgepflügt habe, leicht auf meinem Leichnam liegen, wenn sie auf ihn geworfen wird. Begrabt den Pflüger Hans irgendwo unter den Ästen einer großen Buche und häuft einen grünen Hügel darüber, auf dem Primeln und Gänseblümchen hervorsprießen zu ihrer Zeit; sucht ihm ein ruhiges, schattiges Plätzchen aus, wo die Blätter fallen und die Rotkehlchen spielen und die Tautropfen im Sonnenschein glitzern. Lasst den Wind frisch und frei über mein Grab wehen; und muss eine Inschrift darüber stehen, so sei es folgende:

Hier ruht der Leib von
Pflüger Hans,
wartend auf die Erscheinung
seines Herrn und Heilandes Jesus Christus.

Oft habe ich gehört, auf den Grabdenkmälern throne die Geduld, aber ich habe sie noch nie darauf sitzen sehen, wenn ich über Friedhöfe gegangen bin. Nur die Dummheit habe ich oft genug auf Grabsteinen gesehen. Dabei habe ich mich gewundert, warum der Pfarrer oder der Kirchenrat oder der Küster oder wer sonst darüber zu bestimmen hat, den Leuten gestattet, solchen Unsinn in Grabsteine einzumeißeln. Allein auf unserem eigenen Friedhof habe ich schon so viel albernes Zeug gesehen, dass man ein ganzes Buch damit füllen könnte. Da lasse man doch lieber das Grab in Frieden, ehe man ein Denkmal der Unwissenheit des hier Bestatteten darauf errichtet.

Unter allen Orten der Welt ist der Grabstein gewiss am wenigsten für Späße und Scherze geeignet, und doch ist oft so närrisches Zeug auf Grabsteinen angebracht worden, dass man das Wort für wahr halten müsste: »Je näher an der Kirche, desto weiter vom Anstand entfernt.« Folgender Vers ist bitter, aber wohl nicht ganz unwahr:

Leser, stehe still und klage
mit mir über Lieschen Wahl,
die am fünften Maientage
hielt den Mund zum ersten Mal!

Der folgende Vers ist aber noch viel bitterer:

Der Fuhrmann Munter ruht allhier,
der manche schöne Fuhre Bier
zu seinem Munde führte.
Gar munter fuhr er damit fort,
fuhr aber doch an diesen Ort,
als sich's für ihn gebührte.
Er fuhr zu viel in seinen Jahren,
drum ist er eilig abgefahren;
ihn selber fuhr man dann hierher,
denn Abfuhrmasse wurde er.

Kann man eigentlich keine anderen Dinge finden, um darüber Witze zu machen? Der Leib des Bettlers – und sei er auch noch so zerlumpt gewesen – soll nicht angetastet werden, indem man Witze darüber reißt. Was für ein komischer Kauz muss der gewesen sein, der über ein Grab die Worte setzte:

Ich schlug der Bäume Wipfel ab;
da sandte Gott mir Missgeschick:
Von einem Baum fiel ich herab
und brach mein kräftiges Genick:
Mir schlug der Tod den Wipfel ab
und warf mich in ein frühes Grab.

Doch damit sei es genug, denke ich. Hier haben wir jedenfalls einen eindeutigen Beweis dafür, dass einige Narren am Leben bleiben, um nämlich auf den Denksteinen derer, die gestorben sind, schreiben zu können. Ich meine, es sollte ein Gesetz erlassen werden, dass niemand Unsinn über Verstorbene schreiben dürfte, es sei denn, der Betreffende habe sich zuvor eine Erlaubnis besorgt, unter seinen Mitmenschen ein Esel zu sein, als hätte er einen Jagdschein erworben. Auch täte man gut daran, die Marktschreierei den Kleidermagazinen und denen zu überlassen, die sich als Ärzte ausgeben, aber von der Heilkunst kaum etwas verstehen. Auf den Friedhöfen sollte sie jedoch nichts zu suchen haben. Ich halte es mit unserem Pastor, der immer sagt:

Kein Grabesmonument sollt' eines Sünders Leben
mit stolzem Tugendglanz von Künstlerhand umgeben.
Soll aber doch ein Ruhm am Sündergrab ertönen,
so rühmt Ihn, der da starb, die Sünder zu versöhnen!

Nur noch ein Reim, und der Pflüger Hans verlässt den Friedhof und geht an seine Arbeit, um sich mit anderen Erdschollen zu befassen.

Wer weiß, wie nahe mir mein Ende!
Hin geht die Zeit, her kommt der Tod.
Ach, wie geschwinde und behände
kann kommen meine Todesnot.
Mein Gott, mein Gott,
ich bitt durch Christi Blut:
Mach's nur mit meinem Ende gut.

Es kann vor Nacht leicht anders werden,
als es am frühen Morgen war;
denn weil ich leb auf dieser Erden,
leb ich in steter Tod'sgefahr.
Mein Gott, mein Gott,
ich bitt durch Christi Blut:
Mach's nur mit meinem Ende gut.

Lass mich beizeit mein Haus bestellen,
dass ich bereit sei für und für
und sage frisch in allen Fällen:
Herr, wie du willst, so schick's mit mir!
Mein Gott, mein Gott,
ich bitt durch Christi Blut:
Mach's nur mit meinem Ende gut.

Ach Vater, deck all meine Sünde
mit dem Verdienste Jesu zu,
damit ich hier Vergebung finde
und dort die recht erwünschte Ruh.
Mein Gott, mein Gott,
aus Gnad durch Christi Blut
machst du's mit meinem Ende gut.